北京大华骏腾文化传播有限公司
四川文艺出版社有限公司 出品

马小松de视界

马 松 作品

四川文艺出版社

图书在版编目（CIP）数据

马小松的视界 / 马松作品. — 成都：四川文艺出版社，
2018.9（2023.1重印）

ISBN 978-7-5411-4910-8

Ⅰ. ①马… Ⅱ. ①马… Ⅲ. ①马松—自传 Ⅳ. ①K825.42

中国版本图书馆CIP数据核字（2018）第193862号

MAXIAOSONG DE SHIJIE

马小松的视界

马　松　作品

责任编辑	叶　茂
封面设计	叶　茂
内文设计	叶　茂
责任校对	蓝　海

出版发行	四川文艺出版社（成都市锦江区三色路238号）
网　　址	www.scwys.com
电　　话	028-86361802（发行部）　028-86361781（编辑部）

排　　版	四川最近文化传播有限公司		
印　　刷	三河市嵩川印刷有限公司		
成品尺寸	145mm×210mm	开　本	32 开
印　　张	9	字　数	150 千
版　　次	2018 年 9 月第一版	印　次	2023 年 1 月第二次印刷
书　　号	ISBN 978-7-5411-4910-8		
定　　价	48.00 元		

献给怀揣梦想和激情的你!

序　一个人的素质，决定他的人生故事

方文山

在正常且合理的状态下，我们会以一般的逻辑去推演与解释，什么行业、什么职位，以及什么年龄该做什么事。但将这些看似理所当然的事套用在马小松身上却不合适，他扎扎实实、明明白白地告诉我们一件事：一个人的素质，决定他在这个社会该得到什么位置，以及属于他的人生故事。

什么是素质？素质是一个人的整体分数，不单单指学业成绩。举凡谈吐气质、专业学识、身材外形、反应程度，甚至还有情绪智商等，都是一个人素质评比的标杆。家世背景跟一个人的素质虽没有直接的等量关系，但多少有些联系。而马小松虽然家世背景与学业成绩这两项的得分并不特别高，但因为他其他项目的总体得分高得惊人，也因此，一个属于马小松个人的传奇故事，早就已经悄悄地开始了！

2007年，他才18岁，却已经是综艺节目的主持人，与搭档周瑾、王翰涛，以及迟帅等主持广东卫视《天使明星汇》。这时候，同龄的孩子待在家里看电视，而马小松却是他们所观看的电视银屏里的综艺节目主持人。2008年，他19岁，成为大型综艺节目《音乐集结号》的制作人。这时候，绝大多数的制作助理最年轻的大学刚毕业，但基本都21岁以上了。2009年，他与搭档戴军主持云南卫视收视频传捷报的《音乐现场》，这一年他20岁，同年的孩子大学都还没毕业，人生都还没有开始。

以上这些仅仅只是他人生的一部分故事。一个货真价实的"80后"小孩，在他18岁时成为中国或者说全亚洲最年轻的电视节目制片人。当然我们合理地怀疑，或许是全世界吧！因为18岁在正常的状态下，应该连制作助理都无法担任，但马小松硬是颠覆了我们有限的逻辑对这个世界的想象！

我始终深信，想要过不平凡的人生，首先你本身就必须付出不平凡的努力，但这不平凡的努力，只是购买不平凡人生的入场券而已。有些事，不是努力就一定能够拥有对等的，因为有一种东西叫机会，所谓的机会是给做好准备的人。我想我们可以透过这本《马小松的视界》去了解他这二十多年来做了多少个准备，还有当他做好准备后，有多少机会出现在他面前，他又是如何把握这些机会创造出属于他个人的世界。最后还是请记住：一个人的素质，决定他的人生故事。想要拥有多彩多姿的人生故事，首先你本身就必须拥有同样多彩多姿的素质，这样你才有资格拥有与你条件相当的人生故事！

自序

呓语·时光

马小松

　　每每站在月光下望着窗外的万家灯火，都会有一种感动。每一盏灯下，每个人的生命里，都在不断上演着许多许多的故事。此刻，提笔写下属于自己的心路历程，有幸与你分享我走到今天的人生起点，心中自然也是感慨万千、五味杂陈……

　　人们说：人不轻狂枉少年。我的少年，并没能安逸地躲在父母的庇护下，懵懂地逍遥在无忧无虑的年少时光中，命运机缘巧合地让我走上了一条荆棘之路，且在这条荆棘之路上，一路摸爬滚打走到了今天这多彩梦幻的聚光灯下。当聚光灯闪烁如璀璨的钻石，我依然像遭遇坎坷时从未退缩那样的坚定。我昂着头，表情倔强，粲然微笑，而这微笑背后所隐藏的痛苦挣扎、辛酸泪水都是命运刻在我心上的人生履历。

　　虽然一路跌跌撞撞，我依旧满怀感谢，感谢机缘让我走上这段不同寻常的旅途，更感谢能有这次机会与大家分享我的故事。关于这段旅途的描述，没有华丽的辞藻，少见跌宕的情节，可是，却有满满的，来自我内心的，最真挚、诚恳的感动。真切地希望通过这本书，能让所有的朋友，无论大朋友、小朋友，点燃梦想这盏灯——只要有梦，就绝对不会输。

美国前总统威尔逊先生曾经说过："我们因梦想而伟大，所有的成功者都是大梦想家。"如果没有一路上始终坚持梦想的马小松，也就不会有现在站在聚光灯前的马小松。所以怀揣梦想的人啊！无论年纪大小，无论境遇如何，只要时刻保持追寻梦想的斗志，相信吧，你就永远不会输！

未来的道路依然会有很多荆棘坎坷，就算跌倒，我也不会放弃！我会勇敢地走下去！因为，我是杂草，是野火烧不尽的杂草！

马小松与你们一路共勉！

目 录　　　序：方文山　/　自序：马小松

MAXIAOSONG DE SHIJIE

第一章
我的童年

你相信命中注定吗？
我相信。

一

　　我时常想象当时的场景。一个接一个的镜头在我脑海里浮现。虽然那时的我还在母亲温暖的子宫里，没有任何感知，但每次我闭上眼睛，都仿佛有一种魔力，让我能够清楚地看到、听到：父亲在产房外焦急徘徊的身影，母亲在产房内锥心疼痛的喊声……

　　幸好最终我还是来到了这个险些与我擦身而过的世界，变成了现在你们看到的这个样子。

　　一出生，我就被放到了"温室"里保命。

到现在，我的父母还会时常和我开玩笑地说：你这孩子，天生就是个"捣蛋鬼"，从一出生就开始给父母"添麻烦"……

1989年2月26日，中国南极中山站在拉斯曼丘陵落成，中国桥牌协会荣誉主席邓小平，成为第一位获得世界桥牌联合会荣誉金奖的人。

就在这样具有非凡意义的一天里，我光荣地出生了。

虽然，在这一天有许多和我一样降临的宝贝——我想他们的父母应该都在为此而高兴吧。但是，我的出生却让父母喜忧参半。

因为难产，医生在母亲临盆时下达命令，要求父亲一定要在母亲与我之间做出选择。虽然已经是第二次当父亲，但是这样的情况还是让爸爸的脑袋瞬间空白。即便爸爸的心里是那么期望我的降临，但是为了姐姐、为了整个家庭，他也必须选择——保住妈妈。

虽然那时候，妈妈、爸爸和亲朋好友在无奈之下想要放弃我，但也是因为有他们不断地祈祷和坚持，才有我的降临。

在一次闲聊中，爸爸问过我，当我知道他曾经做过这样的决定时，心里是否有过一丝埋怨。我回答他，我从没有任何埋怨。因为，无论父亲的选择是什么，我都不该也不会有

任何怨恨，是他们给予了我生命、给予了我与这个世界接触的机会，我永远都是他们的孩子。就算真的要做一个取舍，我也希望用我的生命来换取妈妈的生命。

现在，家里人已经不太愿意再去回忆那段时光，因为我们现在都健康幸福地生活着。

在医生的努力下，一个奇迹出现了，我和妈妈都平安脱险了。幸运的我被包裹起来，放进恒温箱待了90个小时，我并不知道被放在恒温箱里是什么样的感觉，也许很温暖、也许很孤独。一直守候在外边的父亲如今已将这份记忆永久封存，因为对他来说，那90个小时，是他一生中最煎熬的时光。

在我顺利度过90个小时后，父母才从担忧中醒过来。

我这个"淘气鬼"刚出生就让父母虚惊一场,这样的"见面礼"估计没有人愿意接受。

和"淘气"的我相比,有一个人比我还要不懂事,那就是我可爱的二叔。听说在我顺利降生的瞬间,他在产房外大喊:"是儿子!是儿子!"结果,已经心烦意乱的老爸上前狠狠地抽了他一巴掌。因为那时爸爸还不确定我和妈妈是否平安。二叔对这件事情一直记忆犹新,到现在,他还偶尔将这件事翻出来晒晒。那一巴掌也就成了日后的一个笑料,每次提起,爸爸总是坐在一旁傻笑。关于这件事,按理说我是应该向二叔道歉的,要不是因为我,他也不会挨那一巴掌。可是,不知道为什么,过了这么多年,每次听到他提起这件事,我还是忍不住笑出来。

无论如何,对于我的到来,这个世界终于收起了它最初的狰狞面容,给了我一瞥温柔的回眸。

二

医院生活终于结束,我和妈妈一起被爸爸接回家精心照料。

从小我就很受欢迎,亲戚邻居们都说我长得像外国小

孩。每次妈妈抱着我出去,都会受到热烈地"追捧",大家争相亲我、捏我、抱我。妈妈应该也已经记不清我究竟和多少人"亲密拥抱"过了吧。

我怀疑,现在有点儿婴儿肥的脸就是那时候被你一下我一下捏出来的。

受欢迎当然也是要付出代价的。和下面这事相比,婴儿肥真不算什么。

有一次,我正接受着"阿姨粉丝"们的热力追捧,意外发生了——在大家的混乱争夺中,我被失手抛到地面,后脑勺狠狠地磕在地上。当时,所有的人都吓坏了,特别是妈妈,吓得脸色苍白,呆立在原地……就这样,几十秒钟之后,妈妈才从惊吓中回过神来,慌忙中赶紧抱起还躺在冰冷地上的我。老天保佑,幸好没事。

妈妈抱起我以后，有阿姨提醒妈妈千万别让我睡觉，因为一旦我睡着了就可能永远都醒不过来了，吓得妈妈一直盯着我，只要我的小眼睛一有睡意，她就马上把我叫醒。现在妈妈想起这件事情还是有些后怕，但是我总会安慰她说，如果我不是当时摔了头，说不定现在还是个大笨蛋呢！

在我做主持人的第一天，有人曾经问过我：马小松，你家一定很有背景吧，要不然为什么你这么小就可以做主持人和制片人？

面对这些猜测，我不想多说什么。对善意的人，我会说，我只是在为梦想努力；而对某些有心人士，我想也没有多说的必要。

我的家庭很简单，父母都是普通的工人。一家人住在一个不足50平方米的小屋里。爸爸妈妈总是省吃俭用，把最好的留给我和姐姐。在他们眼里，儿女的幸福快乐比什么都重要。这8年，我们的生活是满满的幸福、满满的快乐，也给我留下了无数回忆、无尽想念。

我的家乡是个矿产资源很丰富的地方，尤其盛产铁矿。在我们矿上没有其他什么玩的，只有青山绿水，鸟语花香——风光无限的大自然。

山里孩子的生活环境远没有城市里孩子的好。但是，我们却有属于自己小小的快乐和那份来自大自然的淳朴。我们

可以爬山、下河抓螃蟹、偷鸟蛋，然后，再美美地来一顿"野味大餐"。

这些对于那时的我来说就是最美好的事。

三

我一直把自己的童年定义为金色。至于为什么，连我自己也不知道，只是一种很直接的想法。我问过很多人，你们的童年是什么颜色的？虽然在他们心中童年的颜色各有不同，但是大部分的回答与我感受接近：童年的天空总是涌动着落不下雨的云，绝少狂风吹散阴霾后露出的彩色霞光。

童年总是快乐的，充满幻想与憧憬，小朋友总是想要去勾勒一个属于自己的世界。我内心深处也曾经有过这样一个小小世界：近处有黑乎乎的煤堆、吵闹的厂腰鼓队、影音效果不怎么好的小电视机，远处有轰隆隆的火车轰鸣、明晃晃的万家灯火，更有上蹿下跳、痴迷梦幻、百般求索、偏执寂寞、自说自话、自学成才和掌声阵阵的电视剧情节。而主角，是我自己，孤独到没有一个角色和我演对手戏。

我想，快乐和孤独总是并存的。

　　小时候家里有一台黄河牌电视机，是父亲用多年的积蓄买来的。对于它的出现，我有太多好奇，相信许多小朋友应该都有过这样的疑问：那里面的人是怎么进去的？我是不是也能进去呢？

　　那个时候，我绝对不会想到，有一天自己竟然能够成为那个小匣子里的主人公。我每天都等着看电视，是什么节目我已经不太记得了，不过无论是什么，我都能看得津津有味。

　　相比城市的喧嚣，矿上更多的是夜晚的寂静。为了丰富大家的业余生活，矿上开了一家舞厅。很快地，这个舞厅成了矿上年轻人聚集的地方。

那时舞厅里的音乐都是类似于《九妹》《潇洒走一回》《大头皮鞋》这样的歌曲。叔叔阿姨们跳的并不是现在的迪斯科，而是三步四步。爸爸妈妈经常去那里跳舞，可是从不带我去，因为那时候的我只有三四岁。出于好奇，我总是央求姐姐偷偷带我进去。

第一次接触到音乐，那些动感的节拍和绚丽的灯光，对我这样一个对世界还只有懵懂认知的孩子，具有强大的吸引力。那个年龄的孩子对音乐和色彩有着不同寻常的领悟能力，音乐、灯光、舞蹈，在潜移默化中，我已经完全被这样一个巨大的磁场吸引。我慢慢喜欢上这里的音乐和大人们跳的舞蹈，用自己蹒跚学步的双脚模仿。

关于那个舞厅里的故事，占据了我童年大部分的记忆。曾有叔叔阿姨开玩笑说，怎么一个没什么艺术细胞的人会有这么一个具有艺术天分的孩子呢？那个没有艺术细胞的人就是我爸爸。虽然他经常和妈妈去跳舞，但是舞技却难有长进。哈哈！那么我算不算是青出于蓝而胜于蓝呢？（小小地自满一下！）

现在每次回家，我还会放那个年代流行的歌曲，然后和妈妈跳上一曲，回忆一下旧时光。妈妈已经不再年轻，但是在我看来，她的舞姿是世界上最曼妙的。

四

人生有许多第一次，之所以那些第一次能永远盘踞在我们的记忆中，并不是因为它们的完美，而是因为它们青涩的瑕疵，以及第一次那种兴奋激动的心情。

年终的时候，妈妈厂里都要组织文艺会演，秧歌是我们那里每年必演的节目。较有文艺气质的妈妈无疑成了为数不多的秧歌队成员之一。

每次妈妈去秧歌队排练，我都跟着她。她排练我就远远地在一旁观看；她休息，我就把她的扇子拿过来玩，像模像样地模仿妈妈走的秧歌步。很快，我学会了她们扭秧歌的动作，配合着音乐，有模有样地练习起来。后来，我表演的陕北秧歌，不但征服了秧歌队的阿姨们，也征服了秧歌队的领导王叔叔，他给我发了和妈妈一样的秧歌服还有扇子。于是，我就这样成功"混进"秧歌队，成为秧歌队中最小的一名成员——身高不到1米，年龄只有三岁多的"小屁孩儿"。虽然我年纪小，但我可是秧歌队中的"主力"呢！由于出色的表现，我还获得了第一次随队到外演出的机会，成为方圆

百里的小红人。

　　因为之前的演出成功，我随秧歌队赴厂部阁老岭演出，那是我第一次拥有了舞台上的鲜花和掌声。每当我在秧歌队中出现，一定会成为全场的焦点、人们议论的对象。当时我并不知道这样的状况该如何形容，那时"明星"这个词还未普及，我也不知道鲜花、掌声还有别人的瞩目意味着什么，我只是在享受着我的快乐，还有我对舞蹈音乐的痴迷和展示才华的满足感。

　　我还记得，每次秧歌队表演结束，领导都会慰问表演者并颁发奖金，当时厂领导给我发了一份荣誉证书，我成了队里的优秀队员，那是我人生中的第一份荣誉。除了证书我还获得了40元奖金和一瓶洗头膏。也许在现在看来这40元简直

太渺小了，但是在那个时候，特别是对于一个三岁的孩子来讲可是一笔巨款啊！同时我也第一次登上了我们那个小城的报纸，我清楚地记得报道的标题叫《月光下的孩子》。

那是我人生的第一个舞台。每当我对现在的生活和工作感到厌倦，被那些无法逃避的人和事压得透不过气，想要放弃的时候，我都会想想最初记忆里的舞台，那时的简单快乐、那时对表演的单纯执着。

生命就是这样，一步一步往前走，一步不知另一步。走了一段路后，回头才发现，这样一步一步走过来，都是生命的偶然和必然。

五

池塘边的榕树上

知了在声声叫着夏天

操场边的秋千上

只有蝴蝶停在上面

黑板上老师的粉笔

还在拼命叽叽喳喳写个不停

等待着下课

等待着放学

等待游戏的童年

……

每个人的童年都有很多回忆，而这首歌曲里的回忆伴随着许多人成长。

不知道同龄人当时都怎么想，不过我总是喜欢别出心裁地玩点儿花样儿。到了上学的年龄，看那些被父母送来学校后大哭大闹的孩子，我总是猜不出他们哭闹的原因，因为我

一直非常向往学校生活。这倒不是因为我爱学习，或许是觉得在学校会有很多人陪我玩，又或许是以为有足够的人让我来"欺负"吧！

小时候的马小松同学，人送外号"马土匪"。男孩子淘气的本性被我发挥得淋漓尽致。听妈妈说，我小时候因为顽皮好动，竟然栽进家里半米高的水缸里，差点儿一命呜呼。除了偶尔"欺负"自己以外，我还常常欺负同学。其实要说欺负，我还真觉得有点儿冤枉，因为我只是抱着搞恶作剧的想法，但本质还是很善良的呀！

不过有时候，我的恶作剧似乎有点儿超出他们所能承受的范围。我拿砖头拍过小伙伴的脑袋，还把哥们儿推倒在满是泥水的地上，让他们成了小泥猴儿……

可能真是天生就爱捣蛋，所以总要弄出点儿事情来。现在长大了，我也经常为曾经的调皮而懊恼。偶尔有时间和那时的小伙伴聚会，大家都把过去的事当作笑话来调侃，小时候总是做出一些无意伤害别人的事情，可大家都还小，对于一些无心之过从不会放在心上，但在我的心里还是时常有些不安。

调皮是孩子的本性，相比长大后，我更喜欢那时的自己。因为那时的马小松，很单纯，很青涩，在做自己想做的事情。即便那些事情可能是错的，但是无论怎样，我都有面对的勇气和永不服输的骨气。而长大后，我却不得不向现实屈服，向想要实现梦想的心低头。

恐怕很多人都已经忘记当年那青涩单纯的勇气了。但是，我希望我一直都不会忘记，我一直都会是那个小小少年。因为我爱调皮捣蛋，害得父母常常被老师叫去"上小课"。每次，爸爸妈妈都会语重心长地教导我，因为他们知道我并不是真的坏到想要欺负同学，只是太过于顽皮而已。可是我呢，还是多次让父母失望，仍旧"不知悔改"地继续着我调皮的童年时光。

六

　　理想是基于现实产生的，所以我们也会随着生活的改变、阅历的丰富对理想有不同的定义。少不更事时，第一次对"理想"这个词有了模糊的概念。虽然我们的理想在成长的过程中会因为时间、地点以及人事而产生变化，但最初的理想一定是刻骨铭心的。

　　小时候我绝对想不到将来我会成为一名主持人，那时我的理想是做一名医生。看着那些在医院里面哭得上气不接下气的小朋友，我总是无法理解，并投以"不屑"的眼光。在我看来医院没什么可怕的，也不知道是因为我一出生就在医院住了90个小时，还是我的调皮让我不得不经常光顾医院，总之，我和医院真是有着莫名该死的不解之缘。

　　不过，去医院还是有一件好事，就是让我认识了欧伯伯。他是我们家附近那间卫生所的所长，我爸爸的好朋友。

　　欧伯伯一直很疼爱我，我见到他也总是倍感亲切，丝毫没有产生对其他大人的那种畏惧感，同时，我也给他惹了不少麻烦。我的调皮本性让我对他的工作产生了强烈的好奇

心。一次，趁欧伯伯不注意，我拿了一个空针管，偷偷瞄准他的屁股，猛地扎下去，痛得欧伯伯一下子跳了起来。看他的样子我一阵得意，结果，换来爸爸的一顿严厉批评。当时贪玩的我，并不知道那是一件多么危险的事情。

不仅欧伯伯被我当成"试验品"，就连姐姐那些心爱的布娃娃，也没有逃脱我的魔爪。拿真人"练手"不成，我当医生的梦想也只有在这些布娃娃身上实现了。于是，我经常拿用过的吊针给布娃娃打针，姐姐一旦发现，就会毫不留情地"修理"我，因为她的布娃娃被我扎得"全身湿透"。

其实有时候淘气也是一种快乐。因为单纯和懵懂，我们才会犯下让我们日后可以回忆快乐的错误。可是这些，也会随着年龄的增长慢慢消失，现在长大了，想淘气也很难了。我时常怀念小时候的快乐时光，永远无法忘记夏日的午后独自一人拿着家里的菜篮子下河捉鱼的情景，以及和小伙伴们一起爬山时的欢声笑语，更怀恋和伙伴们一起上山摘瓢儿（一种野草莓，非常好吃）的快乐时光，尤其无法忘记让我有了第一个理想和做了我第一个"病人"的欧伯伯，虽然他现在不在了，但是我对他的想念从未停止。

每个人的童年都有不一样的经历。我的金色童年在欢笑、吵闹，还有恶作剧中渐渐地结束，简单却让人难忘，而我的另一段故事也在悄悄地展开。

直到今天，依然如此，人生无路可退，只能勇往直前。长大后总是有很多的无奈，人像是站在哈哈镜前，镜子里的自己完全变了模样。时间给予我们历练，让我们成长，无论你生活在什么样的圈子里，都要遵守这个圈子的规则。以前我不太喜欢"圈子"这个词，但是后来发现，这是形容生活最贴切的一个词。社会就是由一个又一个圈子组合起来的，大家必须在自己的圈子里遵守圈子里的规则，我们从童年单纯的圈子一步步跳进现在无数个圈子里，变得复杂又世故。

生活很滑稽，或者说是狡猾，你搞不清究竟是自己掌控着生活还是被生活掌控。

别人常说生活就是要凹凸不平，仅有凹或仅有凸的生活是平淡的，只有凹凸不平的生活才叫真正的生活。也许有人认为一个二十几岁的小屁孩儿和大家聊生活难免有些为赋新词强说愁的味道，觉得我还不懂生活、不懂人生，但我想要分享的正是以我年轻的目光所理解的生活与人生，我也相信每个人都有自己的故事，那些故事就奠定了你对人生和生活的看法。

童年的生活——人生的起点，每一个人都是从这里开始人生的旅程。

我一直认为，童年的成长背景对于一个人将来的发展有着不可撼动的关键性作用。儿时的成长经历，终会变成日后做什么事、成为什么样人的不可忽视的基础性因素，这是命运的安排，不是巧合。

那么，我风风火火的学生时代正式来到了。

第二章
偏离的自由

多数人总是能够昂首挺胸地面对荣耀，
但又有多少人能够有勇气面对曾经蒙着些许灰色的往事呢？

一

　　都说青春期的孩子容易叛逆，但是我的叛逆似乎来得有点儿早，还有些过了头。好像失控的汽车，又或许是我自己不愿意将刹车板踩下。

　　或许是命中注定要在路上颠簸，或许是我在年少无知的岁月里硬生生地让自己疼了一回，又或许是我把青春深处暗涌的巨大能量早早地释放。

　　让痛更痛，好让自己终能在迷惘无知的青春里真正清醒过来。

上一年级的时候我还不到5岁。虽然对我来说升到小学是件开心和荣耀的事情，但是我却让爸爸吃了不少苦头。

一天，爸爸下班回来，正坐在沙发上看电视。我突然冲到爸爸的面前，表情非常严肃地对爸爸说："我要上学！我要成为一名小学生！"爸爸哭笑不得，只是把这看作我一时的小孩子想法，没放在心上，以为过几天我就会忘记了。爸爸这样的态度，让我很难理解。为什么我要上小学的要求在他看来只是一个胡闹的念头呢？无奈，我只能另寻他法，正式的谈判对于我老爸来说似乎不太管用。

耳朵的好处也是坏处就是没法控制，想听的能听见，不想听的也能听见，所以就是这样的没法控制，让我记住了一些特殊词语——脏话。平时不敢说，但是现在我决定好好利用这些我无意间吸收的"资源"。看哪！马小松在幼儿园门口摆开了"泼妇骂街"的架势和他爸爸开战啦！

老爸刚把我放到幼儿园门口，我就开腔了："马××，你个臭流氓，你给我回来！"（千万不要模仿，这是非常不礼貌的）这样的"世界大战"几乎每天在不断上演，最后老爸终于妥协了。现在回想起来真的很对不起他"老人家"。

在我的"卑鄙"战略下，这场战争还是以我的胜利告终了。5岁的我成功晋级——成为小学生。

二

时光在笑声中跑得飞快，和小伙伴们嬉笑玩乐的日子就这样结束了。我背上书包，走进课堂，开始求学生涯了……

小鸟在前面带路

风啊吹向我们

我们像春天一样

来到花园里

来到草地上

鲜艳的红领巾

美丽的衣裳

像许多花儿开放

跳啊跳啊跳啊

跳啊跳啊跳啊

亲爱的叔叔阿姨们

同我们一齐过呀过这快乐的节日

这是我在学校学到的第一首歌曲。每天上课之前，我都会为全班同学领唱这首歌，那种感觉到现在都还记忆犹新。虽然不知道该如何用言语形容当时那种场景，但是每每想起，都非常地激动，心里总是有一种温热的感觉。

处于陌生环境时，孩子们通常会有两种表现：一种是沉默，静观其变；另一种，则是没有畏惧地完全释放好奇迸发出的活跃细胞。

那么你猜我……

看到新的同学、新的老师，我再一次确定了自己新生活的开始：我现在就是一名小学生了，这就是我最想要的生活。对于我来说，和新朋友熟悉起来完全不是一件难事，因为我天生就是交际狂，喜欢结交新的朋友。

我是班上的活跃分子，只要老师不在，我就是当天的"代课老师"。我们都有一本叫《字词句篇》的书，是课下辅导学习用的参考书。我常常用这本书给同学们上课，虽然自己水平也很一般，但至少还能把书上的内容清楚地表达出来。

学校有个校园广播站，我很荣幸被招为播音员。那是我第一次与播音亲密接触，那种兴奋的感觉非常奇妙。每天会去广播室念同学们的来稿，如果谁的稿件被我选中在校广播站播报了，他就可以得到学校奖励的铅笔。那时候，一支小铅笔足以调动全校的积极性，让全校的同学都为了一支小铅笔而开动脑筋，那一支小铅笔也不再仅仅是一份奖品，而是一份荣誉了。

从此，我的生活多了一件新鲜事物，也让我的小学生活变得丰富起来，那时我还不知道这将是我终身追求的事业。就这样，我悠然自得地享受着我的小学生活：早晨起床上学、早操时间播音、下午放学回家。

长大像是瞬间的事情。那几年，在现在看来，一瞬间就过去了……

三

在我的学习生涯中，有一些老师一直影响着我。在我小学最美好的时光中，给予我最多鼓励支持和帮助的就是我的班主任芦彬老师，一个干练的女强人，至今我还是会常常想起她曾给予我的帮助。也许在别人眼里她是一个比较严厉的老师，但在我心里却觉得她很亲切。

芦老师在学校里给了我这个生性活跃的孩子一个相对自由的发展空间。直到现在，她也一直认为我是她最得意的门生。我很感激芦老师，为了一直做她的"得意门生"，为了对得起这四个字，我也绝不能让老师失望。

我认为，一个学生的好与不好，往往跟教育这个学生的老师有很大关系。我也曾经叛逆过，但是芦老师从来没把我当成不好的学生。她总是身体力行地传授给我们辨别是非的方法，在她的眼里，学生并没有什么好坏之分。求学之路的确是很多人的出路，但绝对不是唯一的出路。很多老师都用成绩来判断一个人的未来，我觉得这真的不公平，而且也没有远见。单凭成绩来衡量一个学生的未来，是因为他并没有真正理解教育的意义。

一直以来，芦老师给予我的肯定很大程度上成为我成长的动力。从小我就是个好强的人，我绝对不允许自己让信任我的人失望。作为我的启蒙老师，是她让我觉得曾经自己也是一名受老师欢迎的学生，也是一名好学生。

今天，我采访的大多数明星艺人，他们之所以能够在舞台上、银幕上发光发热，除了一些先天条件，必然也少不了他人的肯定。这些人从可能并不为人注意的举动里看到了未来的某种可能，他们称赞这种可能，并给予他们巨大的鼓励。

我们仅仅需要一份鼓励，哪怕只是简短的一句 "你可以做得很好" 或 "加油吧，你能行"。这几年，无论在外边漂泊多久、多辛苦，我都会回想过去那些曾在我生命中出现的人，曾给予我肯定的人。

要感激的人很多，但是真的很想对芦老师表示一下特别的感激之情。芦老师，您知道吗？您给我的肯定对我来说有多重要，我无时无刻不想着您常挂在嘴边的话："马小松是我的得意门生。"这是我迅速成长的催化剂，是我从不服输、勇敢面对一切的动力。我现在的小小成绩和您有着不可分割的关系。希望您的学生马小松并没有让您失望。

每个人都希望自己可以遇见一个喜欢自己的老师。当我

得知芦老师要离开学校去厂里的学校任教，简直像遭遇了晴天霹雳一般，不敢想象如果她不当我的班主任了，我未来的路会怎样。

我以为芦老师不会记得我了，可是没多久，她就找到我爸爸，建议爸爸把我和姐姐转到钢厂子弟校上学。那时候我已经上四年级了。

离开父母，我们和奶奶一起生活，在一个陌生的环境，一切都要重新开始。原来我们班里只有十多人，而现在一个

班却有四十多人。不仅如此，我还成了班上最"老土"的一个。从小我的自尊心就非常强，特别怕被人瞧不起，被人欺负。不过，我也说过自己是棵杂草，适应能力强，所以很快就适应了新的环境，并和同学们打成了一片。

可是，好景不长，一件突然也可以说让我无法逃避的事情发生了。这个改变，让我的学习成绩直线下滑，也让我的小小人生来了一个翻天覆地般的转变。就连我自己都被吓到了，因为……我恋爱了……

四

时间有时间轴，分秒针嘀嗒转动；

火车有火车的轨道，一路飞驰；

……

一切似乎都是在定律中有条不紊地进行着。

而人呢，人的轨道到底是什么？

为什么会有那么多的人偏离自己的轨道迷失原来的方向呢？

至今，我依然不能明白。

虽然已经过去了十六年，但那种感觉却一直住在我的心里……

每个人都有自己的初恋，在大多数人的记忆里，初恋都是最美好、最值得怀念的。那时候，我们眼里的世界很小，没有功利心，没有太多乱七八糟的想法，喜欢就是喜欢，喜欢就要在一起。当一个女生走进我的小世界，我的生活也随之发生了很大的变化。

她，长长的头发、雪白的皮肤、甜美的长相、开朗的性格。

好朋友们都叫她宝（为了不影响她的生活，我在这里就不提她的名字了），她是我在钢厂子弟校的同班同学。遇见她，我第一次对"一见钟情"这个词有了概念，也第一次察觉到世界上竟然真有一见钟情这样的感觉！

当我第一眼看到她的时候，我就知道——我喜欢上了她。也许那时候的我并不知道什么是爱、什么是喜欢，只是单纯地想要多看她几眼，找机会和她说说话。无法用切实的言语表达那份羞涩的心，当一个男孩爱上一个女孩的时候，就会想尽办法在她面前表现，让她注意自己。可我这招数似乎不太管用，她完全没有把我放在眼里，看来那时候所谓的"一见钟情"，还可以有另外一种解释，那就是一厢情愿，为此我还真是小小地受了一次打击。但我就是这样的性格——越挫越勇，总是不到最后决不会放弃。

有一天，一位同学邀请我们大家去他家里参加生日会。生日会上，我们玩起了当时非常流行的游戏——"真心话大冒险"，想挖点儿笑料活跃气氛。可我却心怀鬼胎，恶作剧地想要套出大家心里喜欢的都是谁。轮到我了，我很坦然地承认我喜欢宝。对我来说，最紧张的时刻不是我告白的时候，而是她告白的时候。我很期盼她的答案，希望我的名字能从她嘴里冒出来。我的心如小鹿，惶恐又兴奋，可没想到最终等到的是一份伤心，她说她已经喜欢上了别人。

我的心受到了严重的打击，第一次的勇敢表白却换来这样无疾而终的结果。可我毕竟是个男孩子，我也不能表现得太懦弱了。在他们面前，我依然装作若无其事的样子，可心里的那种痛只有我自己最清楚！那晚，我躺在床上，望着窗外，一夜没有睡。我们还可能在一起吗？难道我真的没希望了吗？这些问题一直反复纠缠着我的心。

不管能不能在一起，我既然喜欢她，就这样一直默默地喜欢着她吧！少年的我这样想着，竟也能够释怀些许了。

少年的忧愁总是那么多，又那么真真切切无可逃避地存在着，永远不可能跳过它们直接长成大人。

五

人总是要坚持到最后才能知道结果。做了以后再去反省，总比不做而空遗憾来得划算吧！当时的我这样想。所以，我一直没放弃我对她的追求。

小时候，我们常玩一个游戏——电报盒。就是几个人分

成两组，一组是警察，一组是强盗，如果强盗被警察抓到而同组成员还没有被抓，没被抓的人可以营救自己的队员。

星期六的傍晚，我们都放假了，同学们就组织玩电报盒游戏。后来发现她竟然也在，不禁心里暗喜，机会来了！小朋友的初恋都是这样单纯得可笑。

分组后，我是警察她是强盗，作为警察，我只追她，对其他的强盗视而不见。现在想想那一幕会有多滑稽，不过"警察爱上强盗"这样的故事也蛮有看头。他们跑得都很快，宝跑得也很快，我是他们当中最小的，跑得不是最快，可我就是一直追，追到她跑不动为止。

没多久，我见她跑不动了，冲上去就给她来了个反擒拿，可没想到这时意外发生了——我用力太猛，她显然是被我抓疼了，哭了……当时可真的把我吓坏了。游戏没玩好，反倒还害她哭了。宝生气地推开我，退出游戏回家了。我在心里不停地自责：我这个大笨蛋！怎么就这么死心眼呢？为什么那么认真、那么用力呢？

她走了，我也没心情再继续玩下去，只能怀着失落的心情回家了。躺在床上，我无法入眠，闭上眼睛努力思考接下来该怎么办，却又还是想不到什么好办法，她对我的印象肯定是坏透了……

第二天早上，明媚的阳光直直地照在了我的脸上。我本不想早早起床，但想到前一天晚上发生的事情，还是硬着头皮爬起来了。

　　我做了一个大胆的决定——去她家跟她道歉。

　　仅仅五分钟的路用小时候写作文常常引用的一句话来形容：我感觉好像走了一个世纪这么长。

　　站在她家门口，我迟迟不敢敲门。站了半小时后，我还是当了回勇士——鼓足勇气按了她家的门铃。门铃刚响，我就吓得跑到楼梯转角处躲起来。她开了门，一直问谁啊谁啊，我当时紧张得都不敢呼吸。正当她要关门的时候，我出现在她的面前。

　　我战战兢兢地开口："宝，对不起！昨天我不是故意的，我今天是来向你道歉的，希望你能原谅我。"

　　那一分钟的道歉，可能是我到目前为止这20年来最紧张的一次。我心里已经做好了她让我"滚蛋"的准备，可想不到的是，她却微笑着原谅了我，还邀请我到她家里坐坐。

　　我当时的心情简直可以用"欣喜若狂"这个词来形容。这是一次重要的机会，我准备了一肚子的话要对她说，可在最关键的时刻却又掉链子了，面对着自己喜欢的人什么也说不出来。但有时候，无声的交流或许会比用言语表达的爱慕更妙。

　　我们彼此一言不发，相互看着对方……

　　结果你可想而知。

　　初恋就像棉花糖一样甜到了我们的内心深处，珍贵到把它捧在手心却又怕它融化了⋯⋯

六

大家都说双鱼座是天生喜欢浪漫的星座。

记得当时《新闻联播》常会预报观看流星雨的时间，这一天晚上，我偷偷跑出去和同学们一起看流星雨，当然她也在。当流星划过的时候，我们依偎在一起许下了属于我们的愿望。这个愿望我们都藏在心中，直到今天我们也没有说出来，但我们心里都明白愿望是什么。当时的愿望和当时的我们一样单纯、一样美好。

我几乎每天都要听到她的声音，一天听不见我就像丢了魂儿一样。有一次她去西安，为了可以和她通话，我就死皮赖脸地求好心的邻居阿姨让我去她家打长途电话。而那个时候，还没有几家装电话，我们家附近也就只有邻居家那一部固定电话。

每天我都会早早地到她家楼下等她，放学再送她回家。

即使冬天的早晨寒风刺骨，也依然如故。那是一种坚持、一种信念，也正因那简单的只爱她的心，我们时常在一起憧憬美好的未来。

有一次，我和堂弟到她家玩，不小心打碎了她家的陶瓷花瓶。我们都被吓傻了，因为那时候，陶瓷花瓶是非常昂贵的，几乎等价于父母一个月的工资。我们不知道该怎样面对她的父母，她也害怕地哭了起来，看着自己喜欢的人流泪是最痛苦的，所以我也哭了……如果那时候有刘德华的那首《男人哭吧哭吧不是罪》，也许我会哭得更大声吧！羞愧！

不过后来，我们居然用强力胶把花瓶恢复到了原样。我还听说直到现在那花瓶都依然摆在她的家里。一个破碎的一米高的花瓶用强力胶粘起来是多么艰难的事情，可是——我们做到了！我想这个破碎的花瓶就是我们爱情最好的见证吧！

那时女生中流行一种夜光指甲油，也是她的最爱。她想要指甲油，可我又没钱，小聪明不断的我为了逗她开心，马上又想到了新招。

那天晚上，我跑到日用品商店。

"阿姨，有夜光指甲油吗？"我问。老板告诉我夜光的和普通的放在一起，她让我自己看。我说："阿姨，这灯亮着哪能分辨得出来啊，不如你把灯关了，我看一下吧！"老板没多想，关了灯，我趁老板不注意的时候偷了几瓶。（不

过这是很可耻的行为，朋友们不能模仿哦，我们要做遵纪守法的人！）

当我把自己的战利品送给她时，她高兴极了。可是，看到她高兴的样子，我脸却红得厉害。

当我们心中没有杂念的时候，当我们仍然单纯的时候，往往勾勒出的未来是童话般的，想象着自己能够像白雪公主和白马王子那样生活。我们在一起的四年，发生了太多的故事。初恋的滋味只有我和她最了解，那种感觉不是用文字可以表达的。

当爱情降临的时候我们一定要珍惜，因为它随时会悄然离开。四年后我们分手了。我已经记不清这是我们第几次分手，更不清楚是为什么分手，在一起的事情总是记得那么清楚，而问及分手的原因，我竟然丝毫也记不起来了。只记得当时她说她不了解我了，和我在一起没有安全感。那一晚我喝了很多酒，我已经不想再去回忆酒是怎么买来的，更不想去回忆喝过酒之后在哪里过的夜，流了多少眼泪。

四年的感情结束了。我的天空都是灰色的，心中早已没有了往日的阳光。我觉得自己会永远无法忘记她，失去了她就像失去了一切。

这么多年了，每当我想起这段感情还是有想哭的冲动。宝，你还能记得我们的约定吗？谢谢你给了我最美好的回忆，也谢谢那份属于我们简单、纯洁、懵懂、美好的爱情时光。

七

转变总是瞬间发生的。在我看来，那转变的速度快得已经没有任何事物可以与之相比。而我的所谓转变，也快得让所有人甚至连我自己都不敢想象。这样的转变，是成长过程中不可避免的伤疤。

当我们慢慢长大就会发现，其实有些曾经认为很帅气的行为真的很幼稚。现在想想，也许你会一笑了之，但那些记忆却是成长中最为珍贵的，无论它是彩色的还是灰色的，那些让人难以回首的，难以忘记的，都将记录着你的成长。

告别年少的快乐时光，也许是青春的懵懂，也许是一时的好奇，我开始渴望冲出学校的束缚，奔向另外一种自由。花样迭出的想法越来越多，我也越来越无法安心读书，青春期的叛逆迅速膨胀，无法抑制。慢慢地，我成了别人眼里的问题少年，学习成绩差、欺负同学、不听老师的话，几乎人们能够想象到的坏学生做过的事情我都做过了。

毕竟人生不能倒带，也不允许我们拿青春做实验。对于过往，我引以为戒，希望自己永远铭记那段时光，反思反省，一直向前。

那段日子，许多同学的家长都不愿意让他们的孩子和我一起玩。我就像是过街老鼠一样，没有了朋友，孤独得像个小丑。可当时我并没有意识到自己的过错，总觉得是那些人无聊，不懂得欣赏我的"优点"，总是利用我天生就伶牙俐齿的小优点和他们来一番"唇枪舌剑"。就这样，即便是欺负了同学，我也总能想到借口为自己辩解。

我变得越来越"嚣张"，根本意识不到自己的错，没有想过那些所作所为已经伤害了别人。我还常常为自己的超凡口才扬扬自得，只以自己为中心，丝毫不去理会别人的感受。也许基因决定我就该靠嘴皮子吃饭，从小什么都可以输给别人，只有嘴皮子功夫绝不服输。这样说虽然有点儿难为情，却是我当时真实的想法。

曾经有很长一段时间我都不太愿意面对自己的过去，虽然是自己种下的恶果，但还是无法坦然承认自己的过去竟然是那么恶劣，而且随着时间愈久，这种感受愈发强烈。不过后来，我慢慢发现，如果一个人想要进步、想要成长，就绝对不能将自己的过去抹掉，而是要铭记于心，无论好与坏都要牢牢记住，这样才能鞭策自己成长，才能让自己更好地朝着正确的方向前行。

　　我"敲诈"同学的钱；我欺负班里的同学，特别是我的同桌；我和别人打架；我逃课；我早恋，为了在女朋友面前表现，我什么都可以去做。这一切所作所为导致的后果是，我的学习成绩一落千丈，成了全班成绩最烂的学生之一。老师不喜欢我，同学远离我，原本应该绚丽缤纷的青春变成了孤单的、遭人唾弃的灰色时光。

八

　　每个孩子都有叛逆期，我那时候的行为也着实让父母吃了不少苦头。我想很多家长都有过类似的经历吧，自己的小孩并不优秀，而且还是学校里出了名的问题学生，每次家长会自己都羞于抬头。可是，即便这样，做父母的心里依然对孩子抱着无限希望，我妈妈也曾经有过这样的经历。每次家长会，我的妈妈却永远都躲在最后一排，不敢正视老师的眼睛。

　　谁不希望自己的子女可以成龙成凤？谁不希望自己的子女品学兼优？可那时的我就是一个"浑球"，我的叛逆也让我的父母很痛苦。不管妈妈怎样苦口婆心地劝说，我都无动于衷，直到一次，我看见妈妈因为我而泣不成声得几近晕厥过去，我的心终于崩塌了，我被重重地敲醒了。我终于知道，再这样下去，再这么让父母伤心，终有一天我会后悔的。他们生我养我，凭什么为我遭受这份罪？

我要活出自尊，要让他们骄傲！

那天，老师把我和妈妈叫到她的家里，妈妈一边帮她做些简单的家务，一边听着她对我的评价以及对我各种表现的不满。我想，那些从老师嘴里说出的关于我的种种劣迹，会像一把把锋利的刀插在妈妈的心上。妈妈一直默默流着眼泪，同时那些话也重重地刺在了我的心上。我发誓一定要努力改掉自己所有的坏毛病，证明给所有的人看我不是坏孩子。

回去的路上，我紧紧握着母亲的手，我宁愿妈妈打我一顿，但是她没有，就连责骂或是埋怨都没有。直到临睡前，妈妈才开口对我说话："你一定要给所有看不起你的人一记最响亮的耳光，这一切并不是做给别人看的，而是给你自己的人生一个交代。"

那一夜，我无法入睡，回想白天发生的一切，眼前浮现的是母亲的背影，耳边不绝的是母亲的话语。我下定了决心，一定要改变现在的一切。不但要成为一个好学生、好儿子，还要让所有人知道我并不像他们看到的那样一无是处。

人生中最困难的不是面对问题或是逃避问题，而是抉择的过程。在经历了痛苦的抉择后，无论结果是什么，我们都要为自己的决定付出代价。

从老师家回来以后，虽然爸爸妈妈并没有因为那天所发生的事和老师所说的话而责怪我，但是我知道，他们的心里一定非常不好受。而原本以为会因此痛改前非，重新做回好孩子的我，却因为懦弱和不愿意面对现实的压力，毅然决然地选择了逃避，而我逃避的方法就是——离家出走。

九

从小到大，我从未想过离开父母，但是为了逃避，又或者是为了不去面对那些头痛的问题，也许是习惯了现状不愿意改变，我当时天真地以为只要离开我生活的地方，一切就会结束。却不知这样的选择并不是让错误结束而是让另一个错误开始，而我的离开也造成了我一生都无法去弥补的遗憾。

我"勾结"了几个"同伙"一起实施了离家出走的计划，我们先离开了略阳前往汉中再去安康。

开往安康的火车上，我和我的"同伙儿"们打打闹闹，完全没有考虑到后果，只是觉得离开了家，就获得了自由，以后不用再烦恼了，什么作业、课本、老师，一切的束缚全都解掉了。

到了安康，因为身上没有足够的钱，所以计划分头筹钱。我跑到安康的舅舅家里，使用各种手段骗取舅舅的"资助"，而另外一个"同伙"，则在他到姐姐家里施计筹钱的时候被识破。在我们即将登上开往西安的火车时，被武警叔叔拦截，询问我们是从哪里来的。当时我还非常淡定地说："关你什么事，我是安康的，不信你打电话问我哥。"就在这时，我"同伙"的哥哥出现了，我们"被捕"了。

这是我人生第一次，也是唯一一次坐在拉着警报的警车上被带走，当警报拉响的那一刹那，全火车站站前广场的人都在看着我们，当时，我既害怕又觉得丢人。

我们被押回武警中队。那一夜，我们在武警中队的宿舍中度过，躺在床上我竟然不敢闭上双眼，一直辗转反侧，因为我怕睁开眼睛看到爸爸。我不敢想象爸爸把我"捉拿"归案的那一刻会给我怎样的"惩罚"。

夜，好长……

第二天，同学的爸爸来安康，把我们接回了汉中。四个小时的车程就像一个世纪那样漫长，我不知道怎样面对爸爸和妈妈，我也不敢猜测回到家将会发生的事。我真想跳车逃跑，可现实终究是现实，我必须去面对。

　　列车驶入了汉中火车站，我以为我的世界末日就要来了。看到爸爸的时候，我的心中除了愧疚就是害怕。本以为爸爸会当场把我修理一顿，可让我意外的是，妈妈拿了件新衣服给我，并且告诉我以后不能这样，因为他们会担心。

　　从父母的眼神中，我看到更多的是担心。一瞬间，我的眼泪再也无法控制，心比被棍棒抽打还要痛。

　　孩子无论做了多大的错事，父母永远都是担心大于气愤。而作为子女的我们又是怎么对待父母的呢？埋怨多于理解，不理解父母的苦心、埋怨父母的严厉管束。

　　而这一次离家出走也造成了我这有生以来一个永远无法弥补的遗憾。那就是家里原本打算国庆节全家一起出去玩，希望给奶奶一个美好的回忆。但就因为我的一时任性，打乱了全家人的计划，虽然想要第二年弥补这个遗憾，可奶奶却没有给我这个机会，全家人一起的旅行也因为我的任性永远无法实现了。

　　奶奶离开了这个世界，走得那么突然，我还没来得及和她告别！奶奶永远地离开了我们，我们也永远没有机会和奶奶一起旅游了！我恨自己，恨自己所做的一切！我对不起一直最疼爱自己的奶奶。直到现在，每每想起奶奶，我都有种愧疚在心里久久不会散去。

　　奶奶，您在那里还好吗？孙子长大了，再也不淘气了。不知道您能否听到我的呼唤，奶奶，我想您。如果还有来世，我还做您的孙子！

十

有时候，人的改变并不是一定要经历多大的事件或者遭受多大的打击，也可能只是因为一个短暂的瞬间、一件不起眼的事。

曾经在我看来，自由就是远离家人、远离学校，想要做什么就做什么。但是当你的生活一天天丰富起来，再回想当初年少轻狂时为自由下的那个错误的定义，就会明白事实上，那只是让我们偏离了轨道。

自由并不是我从前想象的那样，真正的自由是对独立的掌握、对生活的承担、对未来的努力、对梦想的执着，更是对自己的考验。

我想人生果真就如戏剧般，充满跌宕起伏的剧情，总是扣人心弦，却又有别于戏剧，因为人生无法预测下一幕戏将会如何上演。

转眼间我就要应战"中考"了。

　　不知道该怎样描述我当时的心情。时间仅剩一年，这一年我如何让自己迅速弥补上过去两年荒废的课程？看着那一大堆书本，真的让人有种快要窒息的感觉。

　　过去两年的课程都要在这一年内完全消化，还要努力追赶上同学的学习进度，虽然很苦恼，也觉得任务十分艰巨，但毕竟这是我的一个机会，一个重新回到本该属于我这个年龄该有的生活状态的机会。

　　我对自己说，一定要对自己严格要求，一定要努力，为了父母、为了自己要狠狠努力。说实话，我承认我有点小聪明，但我并不是天才，我只是一个普普通通的学生，既然决定了要重新开始，就必须花更多的时间、更多的精力来弥补。在妈妈的鼓励和陪伴下，我开始奋发学习，虽然一开始很辛苦，但是妈妈一直陪着我、鼓励我。

　　可能因为太久没有拿起书本好好学习了，导致我一开始看着书就想睡觉，为了克服，我连悬梁刺股的方法都想到了。这时妈妈告诉我，要慢慢来，虽然时间紧迫但是也不要给自己太大的压力。妈妈耐心的安慰鼓励让我更加内疚，后来我慢慢进入了学习状态，一个小时、两个小时、三个小时……慢慢地累加，我发现竟然可以坐在桌前学习三个小时都毫不疲惫了。

　　我被巨大的战胜自我的热情所包围。在学校，我利用课余时间去老师的办公室，把自己温习时不懂不会的问题圈出

来请教老师，老师们也非常乐意帮助我，总是不厌其烦地为
我讲解直到我将这些问题完全消化。

　　一年很快就过去了，中考的临近让我的压力越来越大。

　　夏日的午后，烈日当头，当我坐在考场的时候，整个人
几近虚脱。看着那一道道的试题，我真的很希望这是一场
梦，梦醒了还可以再多给我点时间去准备。可幻想归幻想，
我要面对的现实是：就在这个考场这个时间，将要检验我一
年的努力。虽然压力很大，但是我还是努力地让自己冷静。
如果是以前，也许我不会把考试放在心上，更不会在乎成绩
如何，但是现在，我清楚地知道这个成绩对我的重要性。当
我的笔尖触碰在试卷上的时候，我的心有点儿发慌，不知道
最终等待我的成绩将会如何。

　　在紧张忐忑的心情下过了半个月后，终于到了成绩公布
的那一天。让我料想不到的是，我的语文成绩居然考了全年
级第一，而英语成绩也在班上名列前茅。记得当时我预期的
成绩是300分，而最后我却得了450分。

　　当我看到成绩单的时候，眼泪流了下来，我知道男孩子
当众流眼泪是有点儿丢人，但是说实话，到现在我也无法理
解当时我眼泪的全部含义。也许是觉得自己的努力没有白
费，也许是觉得没有让父母和老师失望，也许是总算对我那
段叛逆的年华有所交代了吧！但是不管是什么样的感受，我

成功了，我为我的努力交了一份漂亮的答卷。

那个时候我还不能完全理解"人定胜天"这个词的含义，但是后来，我用我的努力读懂了这个词。不管我遇到任何苦难，我只想对自己说："相信自己，你一定可以。当别人看不起我的时候，我自己一定不能看不起自己。"

或许每个人都要为自己的成长付出巨大的代价，这样才能换来等量的人生经验和对人生的感悟。我曾经付出过，那些年少轻狂、那些嚣张气焰，都给我的人生留下了伤疤。我相信我不会好了伤疤忘了疼，直到现在，我都常常用那段时光来提醒自己，不让自己混沌地生活，抓住每一天，做好每一件事，珍惜每一个人。

要珍惜我们所拥有的青春，要珍惜自己。

难忘的初中阶段结束了，而我正一步一步朝我的梦想迈进。

第三章
圆梦湖南

年少时做的梦，到底有多少能够最终实现？

一

  我从小的梦想之一就是当一名优秀的节目主持人、当一名电影明星。每次翻看毕业时的同学录，许多同学的留言都是祝我未来可以当明星，可以早日成为主持人。现在听起来，这样的祝福，傻傻的，惹人发笑，可也让我觉得温暖。而我一直在朝着这个梦想不停地前进。

  那时候，我自己还真把自己的梦想当回事了，经常强行给同学签名。我几乎给每一个同学都签过名，可好笑的是，名是签了，但自己还不是什么真正的明星。那时我心里也在想，自己到底要到什么时候才能成为明星呢？才不单单是自己在那闹着玩，不管同学同不同意也硬是死皮赖脸地去给他们签名呢？

镁光灯、沙龙照、大银幕，娱乐圈华丽的外表让所有怀揣明星梦的孩子总觉得成名是那么的简单。似乎只要会唱歌、能跳舞、形象靓丽，就一定能够走到台前。显然那时候的我觉得成为明星是一件非常容易的事情，以为只要考上电影学院或者广播学院就能当明星。

真正进入这个五光十色的行业，我才发现镁光灯照不到的暗处有那么多的艰辛，沙龙照、大银幕都是用汗和泪浸泡出来的。不是每个人都可以成为明星的，多少人同我一样，怀揣着梦想扑腾进这个圈子，可又有几个人坚持到有机会走到台前？对我自己而言，今天的一切无非靠着我那股为了梦想、天不怕地不怕的蛮劲"杀"出的一条"血路"。

有时候离梦想越近，我就会越努力！

我12岁的时候，国内的电视还没有几个频道，更没多少节目，所以一旦电视上有什么好看的节目，就一定会成为同学们课余时间热议的话题。

《快乐大本营》就是在那个时候走进我的世界的。主持人何炅、李湘自然而然成为我的最爱、我的榜样。也正是因为他们，才真正影响到我，也让我爱上主持这份工作。

　　每个星期六的晚上，我都会等待收看《快乐大本营》。当"啦啦歌"响起的时候，我会不由自主地跟着哼唱起来。那阵子，无论自己在干什么，只要《快乐大本营》一开始，我都会准时坐在电视机前。这么多年过去了，对于这个节目的喜爱到现在都还是那样的浓，它也成了我成长的一个见证。

　　观看湖南卫视的节目成了我那时每天的必修课，给节目组写信打热线电话也是我常做的事情。现在回想，当时的那些行为似乎有些傻，但对于那时的我来说这些事情是那样的弥足珍贵。

　　那时候我天真地以为，节目播完，何炅或者李湘一定会留在节目组等观众电话，结果，电话不是无人接听，就是由工作人员接听。每一次，失落在电话挂断后至少持续两三天。直到碰到了她，她叫陈忆。我在电话这头结结巴巴地说完我的想法，她停顿了三秒，然后温柔地告诉我："真不好意思，他们现在不在组里，要不，我给你寄两张他们的签名照吧？"

　　当时的感觉跟做梦一样，心跳几乎飙到三百，我整个人好像飞了起来。她认真地记录地址，还没忘记嘱咐我，要我好好学习，我在电话这头只是不住地点头，不知道用什么语言来形容内心的激动。挂了电话好久我才回过神，就是这个电话，让我突然觉得自己跟电视机里面的那个世界拉近了距离，近到几乎不真实。

那一个礼拜，我望穿秋水般地等待远从长沙寄来的邮件。当"湖南卫视"的信封落在我的手里，引起了周围小小的轰动，我得意极了，大家都向我投来艳羡的目光，我喜不自禁地享受着他们的关注。

我那主持人的梦在这个时候已经悄悄在心底生根发芽了。

正是因为湖南卫视，我才和妈妈有了一个约定。现在想来，或许也正是因为这个动力，才真正使我从一个叛逆小子转变成阳光少年。

那天晚上，湖南卫视正在播《晚间新闻》，我看在兴头上的时候，"皇太后"就下令了——让我马上关了电视进屋学习。我很不情愿地去关电视，但就在关电视前我突然有了一个想法，就对妈妈说："妈妈，如果我中考考了300分，你让我去长沙找姐姐，好不好？"料想之中，妈妈答应了我。那一夜，我睡得特别踏实，我默默告诉自己：一定要努力，为了我的梦想，一定要努力考好，这样我就可以到我心目中的天堂——长沙。

我的中考成绩突飞猛进，而妈妈也兑现了她的承诺，让我去了长沙。

二

每个人都有自己的梦想。有时，可能由于种种原因，梦想看似离我们很遥远。但是不要有太多顾虑，每个人都有做梦的权利，大胆地想，放手去做，我们会成功的。就这样，我带着靠近梦想的心情，踏上了开往长沙的列车。那一年我只有13岁。

我从小就是一个很独立的人，这和爸爸妈妈对我的教育不无关系。一般情况下，父母是肯定不放心让一个13岁的孩子独自出远门的，而我的爸爸妈妈却非常地信任我。因为他们相信，我已经长大了。

去湖南，去长沙，尽可能地接近我觉得神圣的湖南卫视，接近我喜爱的主持人。能够跟他们呼吸同一个空间的空气，喝同一地的水，都让我这个"电视宝宝"觉得兴奋和激动。现在想起自己作为"粉丝"还有这么一段经历的时候，也会哑然失笑。可能有人会觉得就算去了湖南，到了长沙，又能怎样呢？

是的，又能怎样？不过是一个梦而已，到了长沙，也许所有的梦，一夜之间就醒了。也许我没有成为现在的我，也许我依旧是个坐在电视机前普普通通的年轻人，可这些回忆也足以让我觉得自己很棒。能够成为一个敢做梦，又能将梦成真的人，也足够让别人羡慕、自己骄傲了吧！

如果没有踏出这么一步，我的梦想可能还只是一个13岁少年那单纯的幻想而已。

坐在火车上，我一直处在高度兴奋状态，因为我就快要到长沙了。我没有别的愿望，只要可以站在湖南广播电视台的楼下我就满足了。火车一直前进着，我的梦想也在前进着。夏天的火车硬座真的很难受，但我还是很享受这个过程，因为每过一分钟我就离梦近了一步。我真的希望时间过得快一点，伴随着列车的轰隆声，我的眼睛一直遥望着远处天上的月亮，我终于累得睡着了。

第二天醒来，我已经到了长沙。姐姐来车站接我，当我踏上长沙这片土地的时候，就像是一位归国华侨重返故土的感觉，那种亲切、那种激动，我恨不得去亲吻这片土地。

脱胎换骨，我换了姐姐准备的全新行头。跟着她回到学校安排好住处后，我第一件事就是给湖南卫视的所有节目组打电话。如果能碰到像陈忆一样的好人，说不定我就能进到湖南广电中心。

我的计划几乎完美，可是打了很多个电话都是无人接听。最后一个节目组——《卫视中间站》，如果这个还是无人接听，我可就真没招了。

我的长沙之行不会就这么惨淡收场吧？

一声、两声、三声，就在我准备放弃的时候……

"你好，《卫视中间站》节目组，哪位？"我根本没有心理准备，一个甜美的声音突然出现，我傻在那里。该说什么？说什么？我在脑子搜索之前写的台词，可怎么一句也说不出来啊！

……

"喂，你好，哪位？"

"姐姐，你好！我，我是你们节目的忠实观众，从陕西来，想去看你们录节目。"哽在喉咙的话一旦说出来，我也觉得轻松很多，无论能不能进入湖南卫视，至少我打通了节目组的电话，这趟长沙行，也算有了一点儿实质的意义。我可是一个很容易满足的人哦！

"哦，这样啊！"甜美的声音大概停顿了三秒，这漫长的三秒钟啊！

"那好吧！新湖南广播电视台中心，明天上午10点。我给你打电话，到时候会有人去接你。"不是吧？这又是我的白日梦吗？我准备掐自己一下，可又不敢，生怕把这个梦惊醒了。

作战计划第一步竟然顺利完成，剩下的时间就是编排那一天的剧本。第一个环节、第二个环节……我又开始不停地设计脚本了。我的第一个电视节目脚本，应该是在这个时候诞生的，节目名称——《湖南卫视游记》！

又是一夜漫长的等待，我现在愈发讨厌等待这件事。一只绵羊、两只绵羊、三只绵羊……我不知道数了多少只绵羊，才算睡着，可梦里还是我去湖南卫视的事。

天快点儿亮吧！

惊喜就必定是要出其不意，直到今天，我也还是无法想象我的第一次主持经历竟然是13岁在湖南卫视！

三

车离马栏山越来越近，当湖南广播电视台中心出现在我面前的时候，我的心跳加速，有一种想哭的冲动。都说双鱼座的人感性，可感性成我这样，一定是史无前例的。

13岁的孩子凭着一股子傻劲，用自以为高明的作战计划闯进了梦想的湖南广电中心。

一年多的辛苦、担心、忐忑，终于在这个时候变成了眼前的这一座庞大建筑。真实感终于把自己的怀疑和不确定全部驱散。

做到了，我终于做到了。望着眼前盼望已久的广播电视中心大楼，我突然有一种想哭的冲动。因为离梦想很近，所以总不免万分感慨。

也许眼泪里有委屈，可更多是说不出来的激动和自豪，我找到了点儿冲锋夺取敌人碉堡，红旗插在城楼上的喜悦感。

冲啊！

"马小松吧？你等我一下。"

接我电话的是一个亲切的声音。当编导带着摄像大哥，扛着"长枪短炮"出现在我面前的时候，我突然有点儿不知所措。

黑洞洞的镜头对着我，我突然觉得很不自在。

"马小松，你别紧张，自然点儿。昨天我们的主持人李琭接到你电话，听了你的故事后她挺感动的。"李琭？主持人李琭？我运气也太好了点儿，接我电话的居然是《卫视中间站》的主持人。"所以，我们决定完成你一个小小的愿望，一会儿跟我走，我们还给你准备了一个惊喜。不过现在你要充当一下我们的外景记者。"

当时湖南卫视正准备播《还珠格格Ⅲ》，需要做街头采访。我第一次拿起了湖南卫视的话筒做采访。

看了看远处的湖南广播电视集团大楼，手上拿着湖南卫视的麦克风，对面是湖南卫视的编导，仿佛做梦一样，一个似乎离我很远的梦。紧张的我，估计都快尿裤子了吧！

四

摄影机一直跟在我和编导大哥的后面。经过一间间的办公室，我像刘姥姥闯进了大观园，虽然都只是普通的办公室，但一想到那些精彩的节目就是这里做出来的，陡然使这里增加了许多神秘感。我突然有了去了解这些神秘背后具体真实的冲动和勇气。

　　进了节目组办公室，所有的人都趴在桌子上休息，办公室里到处堆满了文件和台本。

　　我又被拉进了现实。

　　"昨天通宵剪带，才结束，大家都抽空休息一会儿。你先坐下。"

　　做电视要熬夜啊，真辛苦。这样的通宵达旦，对于现在已经成为电视人的我来说，早已成了家常便饭。每期节目之前，必定有那么几晚是要熬夜辛苦的，这样才能有电视机前那短短几十分钟的节目内容。光鲜亮丽的屏幕后就是这样夜以继日的辛勤工作。成为电视人的第一课，我就是这样学到的。

　　我安静地看着编导们休息，又看着他们充满电般匆忙起身继续工作。我当时的感觉就是：他们简直就是机器人。

编导大哥再次出现，招呼我："小伙子，跟我来，去演播厅。"

演播厅？如今习以为常的战场，当时却觉得是多么遥不可及的地方啊！就这么轻松的一句话，再一次把我从现实拉进了另一个不存在的世界里。

迷宫一样的建筑里，我在忙碌的工作人员身边走过。真够神奇的，我竟然跟那些只有在电视上才会出现的名字在同一个空间里。

"李琭，小伙子我给你带到了。"

坐在演播室里的女生抬头对我一笑——真的是她——李琭。

我怯生生地跟她打了个招呼。

"你好啊！昨天在电话里，咱可算是打过招呼了，现在算熟人了。"就这一句话，突然让我觉得她远比电视里那个平板画面亲近很多。

我环顾四周，摄影机、镁光灯、几个工作人员忙碌地来回走动。一切和电视里的画面是那么不一样。如果说电视里看起来像童话故事中的城堡，那现场很像我家附近的工厂。感觉差别那么大的两个画面竟然源自于同一个出处，我真是开了眼界。

"马小松，一会儿我要主持节目，你这次就当我们的嘉宾主持吧！"

什么？她是说我们俩？一定是幻听！一定是幻听！不可

能，她怎么可能说是我们俩呢？

"这期节目，你来做我们的嘉宾主持，算我们栏目组给你的一个惊喜。"她似乎看出了我的不知所措。

这个惊喜未免也太大了吧！我该说什么？我表现不好怎么办？我把节目搞砸了怎么办？

"李珠，你跟马小松准备一下。"我的脑子瞬间空白。我的天啊！我该怎么办啊？这要是梦，也太夸张了吧！

到现在我还清楚地记得，那期节目我要播的内容是湖南卫视主持人海天星光见面会。短短的一分钟，竟让我一辈子也不能忘记。

那是梦，一场改变我一生的梦。真心的感谢李珠姐，让我实现了自己的梦。

2003年7月9日，《卫视中间站》。

马小松，13岁。

我的电视人生涯应该从这里开始正式算起。

第四章
现实照进梦想

梦想和现实之间究竟有多远的距离？
一厘米还是一亿光年？

一

如果有一天，梦想光速般靠近现实，我是会受宠若惊，还是泰然处之呢？

湖南之行，我怀揣着迷恋电视的梦，在这个国内电视娱乐媒体发展迅速的城市里做着白日梦。吃饭在梦游、逛街在梦游、发呆在梦游，整个人好像踩在云端般飘飘然。当了一回嘉宾主持，我的梦似乎也应该醒了，可让我万万没有想到的是，李琰姐却让我把这个梦继续下去了。

于是，去《快乐大本营》录影成了我另一个梦的开始。

二

"啦啦啦……"

"啦啦歌"里，我被安排跟一群同我一样狂热的"电视宝宝"一起坐在舞台的正前方。那里气氛热烈，每个人都在热切地期待主持人和明星的出现。

这天是《快乐大本营》六周岁生日。当节目开始录制，我期待的明星和主持人出现的时候，整个现场热情高涨，我也随之兴奋和激动起来。

何老师、李湘、金海心、叶蓓，还有我们这群兴奋激动异常的粉丝。奇妙的生日大派对，舞台的镁光灯将观众席和舞台分成了明暗两个部分，暗里的热切和明里的星光涌动交织成一股狂热的气氛，感染着每一个人。我和其他的粉丝一起开心地大声笑，热烈地回应主持人的每一个动作及每一句话。

我认为这是我追星最狂热、最根本的原因，可能是在于我觉得自己跟何老师、李湘能够有一样的节拍。我坐在台

下，强烈的共鸣不停地撼动着自己的情绪，全身的血液好像都沸腾了起来。

　　当你站在自己偶像的前面，第一反应会是什么？是觉得自己太幸运而流下眼泪，还是兴奋地想要冲上去拥抱他，告诉他你有多么多么喜欢他？直到我在节目录制的间隙找何老师和李湘签名的时候才知道，在那样的状况下，自己只能默默看着他们在自己的本子上龙飞凤舞般一挥而就。而自己却傻傻的，脑子一片空白。真想掐一下自己的大腿，难道我又在梦游吗？

　　看着自己喜欢的主持人就在面前，我不禁暗暗告诉自己：我也要努力走上那个闪亮的舞台，享受观众给予的鲜花和掌声。

我们看到那些擎着耀眼光环的人们那骄傲的姿态时，总是既艳羡又含着嫉妒，可是又有谁知道那光环背后究竟藏着多少眼泪和汗水？

每个想拥有光环的人都必须经过一些常人无法想象的修炼。那时候的我远远没有想到今天，所以梦醒的时候，那些让人微微难过的失落，也就像狂欢大笑以后那一丝莫名其妙的落寞一样。

记住此刻，但是还有更重要的事情要做。

三

湖南之行在《快乐大本营》的狂欢气氛余音未了之时，缓缓落下大幕。梦游了十几天的我，也从做梦的云端落到了必须面对的现实里。

回到家乡的学校，我顺利地成为这里的一名高中生。告别初中的稚气，看着同龄人在青春期里享受成长的蜕变的悲喜剧。这时候，我自己的人生剧本却在现实里有了点儿不一样的烦恼。

初中的斑斑劣迹竟成了高中里其他人的话柄。老师、家长，甚至一些同学的眼神和态度告诉我：他们并不相信我会有所转变，也不相信曾经的"坏小孩"能幡然悔悟，加上高中各个学科上的学习难度与初中相比陡然提升了一个级别，我虽然文科较好，但理科明显有些吃力。双鱼座对外在环境的苛求，开始在此时隐隐作祟。压抑的环境让我有了一个"疯狂"的念头——我要转学。

父母显然对于我这个要求有些措手不及。特别是我说我希望到全县的重点高中"略阳县第一中学"上学的时候，他们想都不想就拒绝了我，而且理由极其充分。转学需要一笔费用和一定人际关系，转学后需要住校，这些都让他们顾虑。毕竟根据我的"前科"，他们担心如果不"紧迫盯人"；那我现在看来还算光明一片的成绩将会瞬间毁于一旦。这是一招他们觉得不可思议的险棋，他们并不想冒这个险。

当他们理由充分，义正词严地拒绝我的提议的时候，我突然感觉有无数的委屈从胸腔里喷出来——我哭了。是因为环境的不如意而我无力改变还是现实与梦想的距离陡然拉远可我却毫无准备，现在已经无从考证，但当时的我，悲从中来地扑在沙发上哭起来的时候，那是真的委屈。

"爸爸妈妈，你们一直那么相信我，为什么这次就不能再相信我一次呢？你们担心我，我知道，可我不会让你们失望的。你们就答应我这一次吧！"当我说完这些话的时候，一家人都沉默了。

这样的沉默其实藏了很多难言的无奈。

曾经的我经常会被爸爸"毒打"，但我知道那种打是爸爸对我的一种爱。不过自从我的"逃跑门"事件发生后，爸爸从来也没有"修理"过我了，他们改变了方式方法。正是因为他们对我的信任，正是因为他们给予我无限自由的成长空间，我才有机会重新回到我人生的跑道上，整装出发！

当时我家并不宽裕，姐姐要上学，爸妈的工作收入也不多。而转学需要托关系找门路，这对于我们这个普通百姓家来说真是个不小的难题。虽然我当时是为了逃离，想要开始新的生活，想要在一个完全崭新的环境里做一个全新的自己，但是在现实空间里，似乎梦永远都是梦，要成真，真的是太难了！

我为什么会站在"略阳县第一中学"校长室外？现在回想，自己都觉得不可思议，甚至有点儿可笑，但也正是初生牛犊不怕虎，什么都敢做啊！一个十几岁的孩子，来找校长"谈判"，目的是希望校长答应自己转学的要求，而筹码竟然就是自己在暑假去过湖南，上过湖南卫视，当过一回嘉宾主持。现在想想，确实有些荒唐。

想不到校长很开明，而且湖南卫视的响当当的名头也帮了我很大的忙。当学校已经答应我转学的要求时，我的爸妈也只好接受他们的儿子一手制造的"大好局面"的后果了。

转学？这个梦又一次让我在现实里上垒成功。

是胆子大，还是运气好？宿命论、唯物论，还是唯心论，都能把这一切归结到一个结果上——我成功了！

但如果没有成功转学呢？

我是不是就是一个不知道天高地厚，甚至有些脑筋秀逗的小孩呢？

TO BE OR NOT TO BE?

四

高一（7）班，我竟然还"空降"在重点班！

我的班主任吕军霞老师，非常年轻，刚刚大学毕业。其实到现在我都很感激这么一个信任自己学生的好老师。虽然我的"空降"以及在前一所学校里的"事迹"还是不可避免地引来了不少议论和揣测，但她还是一如既往地相信我是一个用功读书的好孩子。

这样的信任对于一个青春期里爱做梦的孩子来说是多么强大的鼓励和支持，也许正是这样的信任让我很快就适应了新的环境和新的校园生活。

　　双鱼座的人，天生就是如鱼得水的交际分子。这样的论断在不久到来的班长选举中得到充分的验证——在民主的无记名投票里，我高票当选为班长。

　　班长？我看到班里一些男生眼神中的小火焰了。

　　"空降"的我，程咬金一般跳出来，显然并没得到他们的认同。我这个班长要服众，看来需要施展一些"铁血手腕"了。

　　我的班长生涯，很快就遇到了第一个挑战。

　　晚自习结束，漱洗完毕，熄灯就寝，高中生的住校生活总是这样单调乏味。于是，某些不甘寂寞的人就会偷偷溜出去上网，玩游戏，过精彩的"夜生活"。

　　为了整顿风纪，严肃风气，我们这些班长就肩负起了晚间查寝的责任。有时候，走到我们班寝室门口，就听到班上的男生在开"卧谈会"，热闹非凡，你一句我一句，我仔细一听，"卧谈会"里讨论的内容正是我这个班长。我想做好自己的工作，去把门推开，却又忍不住想听。犹豫了许久，这时，他们抱怨我的话已经像拳头一样砸到我的耳朵里来了。

　　我在他们眼里就是这样一个人啊？挫败感低空掠过，小小的难过像小朵小朵的云开始把我新官上任的积极性一点点

遮盖起来了。我慢慢地退回去，没有推开门去破坏他们"卧谈会"热烈的气氛。

我再一次遇到了"印象"难题。

这个难题从转学前的略钢中学一直蔓延到这里。我本想用转学来回避这个问题。可现实告诉我，很多事，逃避根本没有任何帮助，这个问题不解决，就会永远等在那个路口，总有一天我跟它还是会"冤家路窄"地碰到。

唉！让人头大的现实问题，该怎么解决啊？

当我向吕老师申请调寝室，说自己想跟班上那些男生住在一起的时候，老师很惊讶，男生们也很惊讶。

其实我把这个要求说出口的时候，自己何尝不是鼓起很大的勇气。深入"敌营"，短兵相接，如果我不能改变我在他们心里那个令人讨厌的印象，以后我的住宿生涯一定会非常尴尬。

当我终于把行李搬到新寝室里并安置好的时候，整个寝室里的气氛相当尴尬。我看得出来，他们的眼神里有很多不理解和怀疑。

怎样才能把这横亘在我和他们之间的墙推倒呢？唉！好纠结啊！

当天晚上，本来应该如期举行的"卧谈会"因为我的出现而被迫取消了。我只好开始主动出击。第一招就是，讲自己的故事，让他们能真正了解我。我用一个坏孩子的故事开头，就好像说别人故事一样描述自己那段荒唐不羁的岁月，还有幡然悔悟后的努力以及梦想是如何幸运地实现。

　　显然，故事冗长，也不精彩，到凌晨两点才勉强结束。这个时候，整个寝室里鸦雀无声，我叹了口气，以为他们早已经睡着了。难道我的话就像是催眠曲一样吗？可没想到，长达四个小时的演讲他们居然都在听，而且没一个人睡着。这点让我真的很意外，意外的背后更多的是感动。

　　也许是我毫不隐瞒的直言，也许是我自我反省的坦诚打动了他们。是啊！毕竟少年烦恼同处出，何苦相互为难呢？就这样，有了沟通和理解，原来因为误解和猜疑而产生的隔阂也因为这么一个反省的方式，终于云开雾散。

五

　　我的信任危机似乎开始有了转机。

　　男生的友谊有时候就是这么奇怪，老狼那首《睡在我上铺的兄弟》就把这种说不清道不明的兄弟感情唱得淋漓尽致。

　　真可谓"不打不相识"，一旦相识，似乎关系就变得格外亲切，义气相挺。但是大多数男生似乎对文学的理解存在障碍，看着我亲爱的寝室兄弟们"惨不忍睹"的文科成绩，我只能发挥自己的强项帮他们在深夜补习。这时问题又出现了。想要做点好事，深夜帮他们补习，哪来灯啊？点蜡烛，还是用手电？要是被宿管老师发现，那麻烦可大了。

　　这件事又搞得我好头疼啊！我又得想办法了。

　　偏偏有些看似解决不了的事，某个人的出现就能轻松搞定。封老师的出现，解决了我们的照明问题。他是我们男生宿管老师，虽然冠以老师的称谓，但是事实上很多高中生都把宿管老师当成絮叨的老大妈。"不就是管管宿舍卫生、查查寝室纪律嘛！"不屑的话语每每在和宿管老师冲突之后出现。

　　封老师，我是为数不多这么称呼他的人，同时也是为数不多对他有礼貌的学生。当我告诉他，我需要帮同学夜里补习功课的时候，他居然同意我们点蜡烛，然后他再三叮嘱我们要注意安全。

　　就这样，每天夜里，当我们点蜡熬夜温书的时候，他时不时就会来看看我们，这样的事听起来，说严重点儿很像是在违反规定，搞特殊化，可换个角度，这似乎是我们久违缺失的一种人与人之间、长辈与晚辈之间良性的互动呢！

　　我对封老师的礼貌，换来他对我的信任，他对我的信任，换来了我们点蜡温书的特权，每天温习换来了寝室兄弟文科成绩普遍上升的好结果。这样的连锁反应岂不是比刻板的规定更皆大欢喜？

　　同学们的成绩普遍提高，在期中考试中取得了辉煌的"战绩"。作为班长，我第一次觉得心里好温暖。考试后的总结会上，我主持了有生以来第一个十分有意义的家长会——面对同学以及同学家长，我讲述从前的自己，讲述自己的蜕变，也讲述现在自己和同学的努力。

　　那一次我在班级的讲话，令我的班主任和许多同学都泣不成声。也许因为有了这么一个"交心"大会，班里的学习氛围开始出现好的转变。不用老师咆哮课堂，也不用我们这些班委的"高压统治"，大家开始自觉维护班级的纪律，渐渐形成了良好的风气。

　　就这样，我班长生涯的第一个挑战，算是圆满成功了。

六

　　"挑战无处不在。"这句广告词也许说明了我们生命里

总是会遇到很多挑战自己极限的事。退缩或者迎接，完全是由自己对于自己认识程度的多少来决定的。可某些时候，我生命里的很多挑战却是我"自寻"的结果。

也许是转学前，我对同学的那句轻率的豪言——"去了第一中学，我也要成为大家的焦点"，所以在学校校庆的时候，我开始为这句豪言而寻找我在学校的第一个关于自己的挑战。

　　同学被选去演唱歌曲，而我这个跟屁虫也随着去了肖老师办公室。

　　"我要当校庆的主持人。"我向肖老师毛遂自荐。

　　校庆可不是小事，面对我一个刚刚转学来的高一新生，肖老师不置可否，我只好又一次把在湖南卫视担任嘉宾主持的经历搬出来。但那只是面对摄影机的单人表演，有差错可以后期制作修改。现在是校庆，我要在现场面对全校师生和县领导，任何一点儿失误都可能毁了整台晚会。我只是凭着一腔热情和一时冲动站出来，真正需要做这个冒险决定的人却是肖老师。但是她最后还是同意了我的请求，让我试试看。

当我第一次真正站在校庆舞台上时，情况发生了180度的变化，望着台下，我能清楚地听到自己的心跳声，血压像坐过山车一样飙升起来。这完全是与录制电视节目不一样的情况。

我到底能不能顺利完成校庆主持？一开始的时候，其实我也没有底。呵呵，如果当时肖老师知道我是这样的心理状态，一定崩溃。

巨大的压力下，我迫使自己极力克服慌张和恐惧。既然肖老师这么信任我，我只有一遍一遍地对自己说：放心，我一定不会把这个事弄砸的，一定不会！

那就——燃烧吧，小宇宙！

七

年轻的好处在于你根本什么都不怕，其他事情都不用太担心，只要一门心思，认真努力地去做好自己想要去做的事。

当我一次次彩排并熟练地背下台词的时候，"爱找事"的小魔鬼又跳了出来。除了主持，我还和同学编排了歌舞表演《奔跑》。其实现在做节目多了，才知道歌手现场真唱是需要多大的勇气和多么深厚的功力，而当时，我们这些不知道天高地厚地用卡拉OK伴奏现场真唱，后来的结局真是……

校庆当天，台下坐满了领导和观众。从后台的侧口看下去，那黑压压的一大片，让我本来已经做好的心理准备瞬间被"秒杀"。

舞台下能看到的只是一片黑色，不过自己知道那黑色后面藏着的是一双双审视自己的眼睛。他们在看着，看这台晚会的结果，看我主持的结果。

当音乐响起，我战战兢兢走上舞台，只能听到自己怦怦的心跳声，那心跳声大得好像在整个舞台上回荡，几近震耳欲聋。可当我说出第一句话的时候，这样的感觉就开始渐渐消失。心跳平复，紧绷的神经也慢慢舒缓。我知道，这个舞台开始属于我，我也开始享受这个过程。千万双眼睛看着我一个人——被瞩目的感觉。

我那时候想何炅、李湘、安琥和其他我欣赏的主持人，他们在舞台上也应该是这样享受吧！某位资深主持人的那句"好的主持人就是为舞台而生，并享受舞台"应该就是对这种感觉很好的诠释吧！

　　校庆在我的主持下顺利进行着。

　　我们的《奔跑》一开始，校庆就成了我们班级的主场表演赛，音乐响起，我大声说"转"被话筒收音，我们跟跄转身、走音、乱七八糟的动作加上我们认真的态度和表情，一系列雷人的演出，竟然收到了意想不到的演出效果。结束时的掌声雷动，也许他们以为这一切都是我们故意设计的综艺效果呢。不过我在这里真的要郑重声明，其实当时的表演都是我们经过了多次排练、认真表演的真实效果。那么好笑，也许就是我们这些人有"天生的娱乐细胞"吧！想到这，我的嘴角又开始骄傲地上扬了，哈哈！

　　当时我们还有另一个节目——《大把把辫子》。

　　那是我们看着录像带，一个个动作记下来，反复研究才编出的舞蹈。为了这个舞蹈，我把跳舞的郝思敏、赵金凤等同学当成了劳工，每天下课就把她们留堂进行"魔鬼训练"。一个小时、两个小时、三个小时……我简直有点儿残忍地"折磨"着她们，这也是要感谢她们可以容忍我的严厉和坏脾气。

　　就是在不停地碰撞和磨合下，舞蹈逐渐像样。但是接下来，演出服装又成了必须要解决的问题。租赁的费用对于我们这些高中生来说是笔不小的开支。难道要看着自己辛苦的成果因为没有服装而被迫放弃？郝思敏毫不犹豫地揽下了这个任务。那时候我们真的很团结，看到这样的一个集体，我们都很欣慰。

　　舞蹈的服装解决了，可我当主持人的服装怎么办？昂贵的服装，相比那时候我们一星期只有100元的生活费来说简直是天文数字！我的痛苦还在继续。

　　为了服装的事，我背着书包在县城的大街小巷里穿梭。每一家，能够去求去问的店，我都会厚脸皮地去跟店家商量。不屑、冷漠、嘲笑，成了几乎每次我都要面对的，尽管我只是一个高中生，没有多少钱，但至少我还有巨大的热情吧，我不怕累，我也不怕被拒绝，只要能弄到演出服，我想我愿意去面对他们。这件我原本看似简单的事一下变得复杂起来。同时也让我在当时想清楚了很多事情。

　　我想，它的复杂在于，成人的世界里，我们这些孩子的梦想往往显得那么苍白而不切实际。当我们天真地用自己的梦想去碰触那些标准的时候，往往就会以自讨没趣的尴尬局面收场。很多时候，太多的尴尬就会让我们这些孩子慢慢长大，也慢慢地就会变得畏缩懦弱，屈服于现实的标准，变成以这样的准则为纲的成人世界的一分子。现实里的成长似乎总是这样，在破坏和畸形的重建中慢慢结束。

　　也许是骨子里的倔强和固执一直在推着我，我还是不厌其烦地一家家跑，一家家问，当终于有家店点头同意借我服装的时候，几天焦灼和失望的低气压一下就烟消云散，阳光一样的开心从那些坏情绪的缝隙里直射下来，让自己觉得温暖而有力。

　　过程中的种种曲折在结局到来的时候让人陡生感慨。即便多年后的今天，当我经过更多的挑战和关卡后再去回望一切，感慨和欣慰的情绪依旧是那么真实。

　　校庆上，舞蹈终于出色完成，虽然成绩差强人意，但是每个演员，每个参与其中的人，特别是我，站在台下都是激动雀跃的。那是合力完成某件事后才能得到的快乐，关于分享的快乐。

　　峰回路转，我们的舞蹈最后代表学校参加全县的比赛，还得了第三名的成绩。看来老祖宗的那句"皇天不负有心人"是完全正确的。

感谢伤我的人带来保护我的人，感谢虚伪凸显诚恳。

我想感谢全世界对噪声的容忍。晚安了，想感谢，每一盏亮着的灯，没有留下我一个人。

——special thanks to

校庆圆满结束。领导和老师们的良好评价证明我没有辜负当初肖老师对我的信任。校庆的"一战成名"让我也成为学校里一时无两的"风云人物"。我在踌躇满志中享受自己的高中生活。但生活的本质却让人总是置身于一个个有着因果联系的选择里，就是这么一路不停地选择A或B，人生才慢慢拼凑完整起来。我们总是埋怨命运里的不公平，但命运的造就者往往就是我们自己。

在略阳一中的日子里，我曾经因为我的年少轻狂而让很多人不喜欢我。非议、指责、辱骂在那个时候就面对了。但在那两年的时间里，我也获得了一生中最弥足珍贵的东西。

现在真的很怀念那时的青葱岁月。怀念每天和同学在宿舍打闹的情景，怀念每天晚自习后的操场健身，怀念每个瞬间……

在那个暑假里，我也遇到了关于梦想的另一道选择题。

第五章
人生 AB 面（一）

A coin has tow sides.

一

　　做个游戏，把硬币抛起来，落在手心里会是哪一面？如果把人生也像硬币一样抛起来，然后用正反面决定命运，是A面，还是B面？

　　人生的奇妙就在于，你永远不知道，你所选择的究竟是命运的正面还是反面。这么说显得消极而宿命。可事实上，很多让人觉得不可能发生的事就是在这样的命运正反面里悄然展开的。

　　校庆主持就像那枚被抛起的硬币，当它落在我手上的时

候，注定了我的高中生活也在这样的AB选择项里慢慢铺展开来。

　　我的主持人之梦像气球一样慢慢鼓胀起来。记得有一次在肖老师家，我和她开玩笑说，如果有机会我可以在电视台做一档音乐节目的话，一定请你当嘉宾。这仅仅是一个玩笑，那个时候我和她都不知道原来这个玩笑可以成为现实。

　　其实在两年前，我就做过这个梦，希望未来可以有机会到我们当地电视台主持一档音乐节目。那时候的梦想显得很遥远，我也不知道这个梦对于我来说，会不会成为现实，或者它永远都是一个梦。

有梦就不会输，这是我坚持的动力。记得有一次在回家路上，同学的姐姐告诉我略阳县电视台正在招主持人，她答应引荐我。

满怀希望的我，开始准备简历以及可能要进行的面试。湖南卫视的嘉宾主持经历、校庆主持经历以及自己的才艺表演，让我觉得自己一定能够获得主持机会。可是当我怀揣着一个美好的梦想站在电视台办公室，跟一群大人一起交简历的时候，现实的硬币就这么"啪嗒"一声，背面朝上落了地。

"16岁？你还没成年吧？回去好好上学。"工作人员把我当成凑热闹的小孩拒之门外。我那自以为丰富的经历并没有成为我跨入电视台最有力的敲门砖。如果我揣着失望的心情放弃尝试，也许我的人生就会背离我的梦想越走越远，所以我拿着简历，鼓起勇气，找到了局长办公室。我将简历从门缝塞进去，就算他还是一样拒绝我，至少我已经尽了最大努力。好吧，我等着结果，不管怎样，我努力了、我尽力了，就算结果会伤害到我，我也认了。还是那句话——有梦就不会输。

二

　　"努力"，这个词听起来老调重弹，让人昏昏欲睡。可就是这么一个老掉牙的词，让我的生活变得丰富而有趣。每每在无望时，就是这么一次次类似最后一搏的努力，换来了一个个让人意外的惊喜。当略阳电视台通知我试镜的时候，多少天来忐忑的心终于放了下来。

　　《兴洲聚焦》（略阳在古代称兴洲）是一档民生新闻类的节目。他要求主持人要专业，有新闻敏感度，可我一个16岁的孩子，又是以当娱乐节目主持人作为梦想的高中学生，显然达不到主持这个节目的要求。

　　我又一次面对一个尴尬的境地。不过最终台里领导还是决定让我留下，以一个实习生的身份进入电视台当"临时工"。虽然工作没有任何酬劳，同时还要兼顾学业，可我还是很开心地答应了。毕竟进了电视台，我就有了更大的平台和更多的机会。

　　由于我的年龄和高中生身份，刚进电视台的时候，并没有什么可以交付给我的任务。我每天也只是跟在叔叔阿姨、哥哥姐姐后面做一些简单的琐事。

机会总是给做好准备又能耐得住性子等待的人，不久，我等到了一个配音的机会。

一条《文明城市离我们还有多远》的新闻临时找不到播音员，我这个号称主持过湖南卫视节目的"小屁孩儿"被推上了前台。我完全可以不功不过地照本宣科，完成这条新闻。但我还是决定再次小小地冒一次险，推翻电视台里一成不变的"播音腔"，用湖南卫视当时火热的《晚间新闻》"说新闻"的方式来处理它。现在想想当年的《晚间新闻》也没白看，哈哈！

当时"说新闻"的方式在全国来说，还是一个全新的新闻播报方式，在这个小小县城里更是从来没有过的。

我的这次尝试在电视台里让很多人觉得焕然一新。也是因为这个小小的冒险，我成了电视台里最小的新闻配音。那时候每天都很期待在电视里听到自己配音的稿件。为此我的班主任吕老师还特批我可以晚自习的时候到电教室收看节目。

这么一个小小的肯定，让我离主持人之梦又近了那么一点儿。现实往往就是那么沉重地压在身上，向梦想靠近的每一步都需要花费巨大的代价，甚至需要冒险。再次离自己梦想又近了那么一点儿，我就像一只蜗牛一样，躲在自己成绩铸成的小小的壳里微笑。

我的生活按部就班。

上课，去电视台，晚自习，请假收看自己配音的成果，给自己挑毛病，记录需要改进的地方。

因为狂热的主持梦想，让我每天都在花费大量的精力努力保持现实和梦想的平衡，并为了梦想不断地努力。而这样"规律"的生活，其实很辛苦而且很难坚持。直到现在，我都不知道自己为什么这么执着，为什么永远都不会放弃！当慢慢长大，我明白了，那是一种隐形的力量，是它支撑着我一步一步地前进。

想一想，我们曾经有多少梦想，企图尝试却最终为什么没能如己所愿？我们又会找什么借口来开脱这样的无疾而终呢？是外在条件不足，还是父母能力不够？是因为缺少财力，还是因为自己能力欠缺？很多时候，包括我在内，都会用这些借口来掩饰失败的尴尬。因为我们没有勇气正视我们的半途而废，无法忍受那么漫长而艰苦的准备过程。

很多人总是轻信成功的易如反掌，可只有取得成功的人才知道真正成功的背后隐藏着怎样的辛苦和寂寞。这样的道理，也是我这么一路走来才逐渐明白过来的。

在电视台里，因为大家十分照顾我这个年轻的后辈，每天的生活反而过得愉悦快乐。他们都是已经工作多年的成年人，跟他们相处和跟同学相处是完全不一样的。

与同学的相处，单纯直接，因为友谊，因为集体，大家就惺惺相惜，聚到了一起，单纯、透明，没有什么更复杂的因素。但是在成人的世界里，喜欢自己、照顾自己的人，出发点却是从自己对一个人品行的判断而反映出来的，有时候又是因为利益关系而伪饰出的一个假象。

很幸运的是，我遇到了一群并不复杂的好同事、好前辈，让这个残酷的社会在我面前稍稍地收敛了一些。

当地的一家酒店和电视台广告部合作，想拍一个广告宣传片，大家都觉得我年轻活泼的形象很适合这个广告。于是，广告部和商家决定让我来演出这个广告片。很快，我的形象出现在略阳县的大酒店里，也在电视台的广告时段里反复播放，一时间，引起了小小的轰动。

别人的艳羡，父母有点自豪的微笑，让我又一次尝到了出镜带来的快乐。主持一档节目，每天出现在电视里，成了我的一个梦想。

在电视台工作，让我逐渐熟悉和掌握电视节目简单的制作流程。做一档属于自己的电视节目的想法也逐渐在脑海里开始发酵成型。

三

当时，东南卫视的《非常音乐》和湖南卫视的《音乐不断》是年轻人的最爱。我决定也做一档针对年轻人，专门以介绍音乐为主的音乐节目——《音乐新视听》。

我将这个想法告诉广告部的同事，他们并没有因为我是个小孩子而把我的想法当作笑话。在他们的鼓励下，我鼓起勇气向当时的略阳县电视台的蒋伯伯提出了我的想法。

他也没有把我的提议当成一个疯狂想法随意否决，而是用支持的心态要我制作出样片来看一看。正是这种支持，让我能够把这个看起来不靠谱的念头坚定下来，成为一个

强大的信念，时时牵引着我，小心翼翼地向那个关于电视的梦靠近。

把脑子里支离破碎的想法拼成一个完整的"画面"，这听起来简单的过程里，其实充满无数让人疲累的小细节。

拍摄、制作、包装……

虽然我已基本掌握电视节目制作的流程，但真正到了自己去主导操作的时候，却发现操作看似简单的流程里包含了太多的学问。这一刻我对电视节目有了一个新的认识，当初只是羡慕镜头前光鲜靓丽的主持人，现在看来，要成就一个成功的主持人，背后付出努力的人何其之多，又何其默默！

就在我为如何制作样片一筹莫展之时，电视台的老师和哥哥姐姐向我伸出援手。他们为我张罗摄影器材，还帮我进行后期制作。让我觉得温暖的是，东南卫视《非常音乐》的曾晖姐给了我一份"大礼"。她把她节目曾经用过的片头给我复制了一份。有了这个片头，节目顿时变得洋气起来。

就在大家帮助我做节目样片时，就在我将样片送审，踌躇满志的当口儿上，命运又跟我玩起了"躲猫猫"的游戏。看似顺风顺水，却意外起了波折。

在略阳县这个地方，之前没有任何一档关注年轻人听什么、想什么、热爱什么的节目，所以样片让台里领导觉得是跟以往有了很大的不同。这样的不同可能就来自我的内心深处表达的渴望，而电视这个让我着迷的"家伙"，恰好变成了我表达渴望的最好渠道。梦想和追求在这个管道里碰撞的火花似乎也感动了那些成年人。

"台里觉得节目不错，但是……"

中文的语法里，出现了"但是"就是出现了无数的变数和未知，也就是在这么一个"但是"的背后不知掩埋了多少梦想与现实碰撞后留下的"残渣剩骸"。而我现在就遇到了这样的窘况，台里没有合适的时段给我。既然这个节目要上，那就必须从广告时段里分拨时间出来给我。

我的第一档节目就像一只皮球又一次被踢回了广告部。虽然我认识广告部的人，可这似乎并没有在现实和利益面前为我行个什么方便。我想要时段，那就只有一个办法，就是我节目所在时段里的广告费用要我自己去解决。要想在一个小县城里弄到几万块的广告费，这个数字在当时我的眼里几乎就是一个遥不可及的天文数字。

面对一个不可能完成的任务，我有点儿不知所措。"病急乱投医"之下，我突然想到之前合作拍摄广告片的酒店。

我心中忐忑，来到那家酒店，找到了当时酒店的老总，我将自己的节目想法大概说了一下。可是老总似乎对于一个全新的音乐节目并没有多大兴趣。

现在我知道，节目对于他们来说，需要考量的只是能不能用他们白花花的银子换来他们想要的效果。"在商言商"来说，他们对于我的节目，甚至对于我这个孩子都抱着怀疑

和审视的态度，这是再正常不过的事。作为一个节目的制作者，看着自己辛苦的成果被人评头论足，被人质疑，那种感觉真的很难受。我第一次为了自己的节目同商家据理力争。从如何拍摄到遇到的困难，从收视人群到节目时段分析。我把我从电视看到的、电视台里学到的全部的知识都拿出来，软硬兼施地跟对方"纠缠"。

被我的真诚所打动，或者说是作为商家的他们为了一个孩子梦想背后的可能性，做了一次商业上的"赌博"。他们答应做我节目的冠名，支付一年的广告费。

我的第一档节目峰回路转地又一次"起死回生"。在这个理应开心的时候，我却感到前所未有的压力。拿了广告客户的钱，我就必须扛起对于广告客户的承诺。万一节目不好，怎么办？

现在看来，这其实就是一个节目制片人的心态，节目前期，为制作经费发愁，节目经费有了着落，又开始为了节目内容犯嘀咕。很庆幸，我在16岁的时候就提前感受到了这样的"震撼教育"。

除了感谢参与其中的那些人以外，我也该感谢命运在一个又一个选择后，给了我足以让我享用一生的人生经历。经历过这样的关口之后，我的内心有了一个强大的信念——世界上所有的问题都取决于你能否有勇气面对它、解决它——支撑着我向人生的一个又一个峰口发起顽强的挑战。

四

　　每个星期二晚上8点40分，《音乐新视听》都会跟略阳的观众如约见面。这是我人生中第一档自主制作的电视节目。虽然没有明确身份，但是那时候的我，已经是一位不折不扣的制片人了。

　　这样的节目在略阳这个小地方是头一回出现，当时引起了很多人，特别是年轻人的关注，我也在一时之间成了引起小小轰动的"音乐VJ"。我的生活开始有了新的变化，每天上课之外的其他时间就是构思节目、安排录影、节目制作。这样的生活，虽然忙碌，但充满了无穷的乐趣。

　　从一个电视机前迷恋其他主持人的孩子到一个县级电视台里的主持人，看似只是从昨天到今天这么简单。但这后面的压力和艰辛，却只有我自己知道，每天大量的工作，却没有酬劳可拿，每每还要在学业和节目之间进行取舍并寻找平衡点。

　　在学校里，我要像一个16岁的学生一样，完成每天的学习任务，可到了电视台，就再没有人把我当成一个孩子对

待，我是一个节目的主持人，我需要对节目负责，对广告商负责，对观众负责。在这样的现实中，我必须放下所有关于16岁孩子应有的特权，像一个大人一样承受一切。

也正是每天在同辛苦和压力抗争的过程中，我慢慢地变得坚强，坚强得甚至"刀枪不入"。也正是这样的磨炼，我才能扛住后面的一切令人不可思议的命运转变。

节目做了整整九个月以后最终还是下档了。但这九个月，却给了我不一样的体验，我也对自己以后的道路有了明确的方向。广告演出和节目主持的经验，让我开始对表演产生了浓厚的兴趣。当演员，变成我内心里又一个悄悄发芽的梦，我开始从各种渠道收集招募演员的消息。

我在网上看到西安电视台《狼人虎剧》节目组招演员的消息。

《狼人虎剧》是一档陕西方言栏目剧。导演全部为年轻导演，演员都用业余演员，它们让老百姓自己演绎自己的故事，这个理念正适合我这个没有表演功底的孩子。

凌晨5点钟，我坐上开往西安的列车，开始了我临时演员的第一次征程。长达8个小时的车程，我一个人依靠在窗户旁默默等待。看似等待时间，其实是等待机会。有了独自去湖南的经历，16岁的我对出远门和自报家门找机会这样的事已经司空见惯了。我很顺利地找到了《狼人虎剧》节目组，同一群和我一样怀揣演员梦，大我好几岁甚至好几十岁的成年人竞争那为数不多的几个角色。

我自以为丰富的经历，在这些比我奋斗多很多年的成年人面前显得那么微不足道，他们能说地道的西安话，能惟妙惟肖地根据导演的要求进行演出。而单单西安话这一个要求就把我结结实实地挡在了门外。

显然这样的结果远远不是我能预料到的，甚至是我没办法接受的。可世界就是这么公平而又这么不公平。它的公平在于，它永远把机会留给实力强大的人；它的不公平也在于，我这样的孩子也要同成年人站在同一个起跑线。

这样的道理用这样的方式扎实地砸在我的面前。我一个人站在办公室外，阳光从树枝丫的间隙里射过来，扎在我的眼睛里。我任由眼泪和着委屈噼里啪啦地把整个世界一股脑淹没。我看着跟我一样落选的人，面无表情或无所谓地离开。可我就是不能跟他们一样就这么灰溜溜地回去。不甘心、想不明白、冤枉，甚至带着赌气较真的情绪，我又一次找到了负责的导演，哭求他。

其他的具体细节我早已模糊，可那次经历却让我明白了这么一个铁铮铮的事实——孩子与成人面对面的较量，虽然孩子处于下风，但孩子的眼泪和委屈，却是"制胜克敌"的最大法宝。我这么说，并不是教每个读这本书的同学用眼泪去对付大人。我只是想说明，成年人那个现实到铜墙铁壁、钢筋铁骨的残酷世界，面对孩子的眼泪，一样瞬间土崩瓦解。

导演同意让我在《都是网吧惹的祸》这一单元里演一个无名小角色。

三天，我用了这三天的时间，等到了自己在单元剧里短短的三十秒。至今，我还能依稀记得那三个镜头。

镜头一：我在打电话，一个侧脸和一个转瞬即逝的背影。

镜头二：我从网吧门外路过。

镜头三：我消失在人群中。

我的临演经历伴随着眼泪，和这短短三十秒内"高难度"的演出，缓缓地拉下了大幕。还记得《喜剧之王》里，

星爷为了一个小角色而揣摩心境，为了一个背影，研究做戏。初看的时候只觉得好笑。可现在，做了临演的我再回过头去看，却觉得里面藏的都是一把鼻涕一把泪的辛酸。

　　演员还真是不好做。

　　很多时候，人生中光怪陆离的事，发生了，再消失，快到自己都以为是电影快进的画面。过去也就过去了。对于人生有影响吗？似乎不见得是一个里程碑似的纪念，可它却在潜移默化里影响了自己在后面人生道路上的全部选择。

　　这么说，是不是很宿命？

　　宿命不是坏事，宿命其实是让一个人能看清楚自己的筹码有哪些，知道自己的能力能够达到哪种程度。能够完成的便是应该，达不到的就是力有不逮。人的心也就能被这样的结果安抚下来。但只是安抚，却又显得消极，花力气将未达到的地方补足，修改宿命里自己完成不了的部分。这样的"宿命论"才让人觉得积极向上。

说宿命论只是想为下一个故事做个铺垫。人生的AB面，除了光明面，还有灰暗面。

五

一次临演经历，让我对演戏有了浓厚的兴趣。可临演的面试也让我看到自己这个16岁孩子同那些身经百战的大人之间有多大的差距。为了缩短这个差距，暑假里，家境不富裕的我又一次让爸妈破费——我来到北京学习表演和主持。

"如何能够让自己成为一个演员？"成了我当时最喜欢思考的问题。孩子想问题不会想"为什么"，而只会想"怎么样"。当了明星会怎样被人崇拜追逐，当了名主持会怎样被人喜欢热捧。

年轻的心总是被这样的气泡填满，是虚荣？是不切实际？

张爱玲说"出名要趁早"，在我理解就是年轻的梦应该在年轻的光景里做完，而到老了才成功，总会听到成功里夹着些感慨，没了意气风发的喜悦，倒是少了不少兴致。她对"出名"的理解，如今依旧让我有深刻的体会。

出名虽然经历了令人羡慕的追逐和高度，却也让我了解这个高度上所要遭受的质疑和拷问。出名是一种磨炼，是一种让人迅速成长和认清自己的磨炼。当然，有人出名却迷失了自己，以我的经验教训来说，忘记自己是谁的人，大抵他的出名也就即将到了尽头。

在北京学习的那段时间，我过得很愉快。

虽然每天和同学们住在学校附近的地下室里，但那种追寻梦想的幸福却让我感到很快乐！晚上回到那个潮湿的小屋里，我们一起分享故事。我们的年龄相差悬殊，有年过四十的大姐，也有像我这样的小孩。但我们在一起没有代沟。大家都来自天南地北，在北京举目无亲，也正因如此我们更加团结。虽然条件艰苦，但我看到的是对梦想的追逐，大家的脸上，都写着永不言弃的豪情。

毕竟学习以及在学习的环境里做一个关于自己又不妨碍别人的梦，是蛮幸福的一件事情。当我在北京学习表演的时候，远在千里之外的西安，一家影视公司准备投拍电视剧《西部警事》。多亏《狼人虎剧》里那三十秒的镜头，也多

亏了一个姐姐的介绍。影视公司觉得我这个孩子蛮适合电视剧里那个中学生的角色，于是一个电话，就把我从北京拽回了西安。

还记得我一个人背着包，拎着行李，站在北京机场的候机大厅里，看着落地窗外起落的飞机发呆，阳光在夏天出奇地明亮，横斜纹大块大块地落在地面上，人从里面走过，会有鸟一样的影子跳进跳出。飞机沿着跑道加速，上升，让心脏速度加快，盘旋，有眩晕感，耳朵在压力的作用下听不见声音。这是我第一次坐飞机。

等待这件事有时候很奇妙，等待的时候会想好所有的可能性以及应对方法，可真等到事实降临到眼前的时候，自己就突然忘记了之前所有的算盘，束手无策，慌了阵脚。

演戏，成为一个演员，这个事在自己生命里突然出现，会不会突然消失？前路，有点像猜不到下一个情节的电影，给我和家人都带来了有点儿兴奋又有些不知所措的感觉。

敦煌，我跟着剧组驻扎在那里，每天顶着烈日进入拍摄现场。一天折腾下来，筋疲力尽地再跟着剧组回到住地。我是小演员，还没有享受大牌演员的待遇，每天都有很多事要自己打理，还要认真地背台词、记走位。不敢有丝毫的差错。毕竟这样的机会对我是那么来之不易。

跟我对戏的王双宝老师，是一个出了名的老戏骨。一举一动、一招一式都透着功力，我这个小辈同他过招，必须使出浑身解数。

我和西安儿童话剧团的一位老师住在一起。老师经常会"鞭策"我一下。长相太孩子气，演戏的路子窄；声音不好听，要厚实点；演戏要有精气神，你没有。以前每每接受的都是艳羡和称赞，突然遇到一个资深的老师对自己大加"鞭挞"，让我的盲目自信收敛不少。

每天，我"皮绷紧"地战战兢兢演戏，虽然也获得了"马一条"（拍戏一条就过，一般都是老戏骨才能达到的境界）的光荣称号，但我还是对老师的指正相当在意。毕竟能够得到前辈的肯定，才说明我的能力得到了行业内的认可，这比导演说"下一条"来得更加重要。这样的标准到现在依然是我对人、对己、对节目的很重要的准则之一。节目让观众喜欢是为了安身，让同行和前辈认可才是立命。

为了这样的标准，我只有努力再努力。

戏如人生。

短短的十天，我在一部电视剧里体验了一个陌生人四分之一的人生故事。他的故事不属于我，但是我和他拥有了共同的经历。

剧组是个大家庭，有欢笑也有争吵，有温暖也有冷漠。这一切都发生在镜头的背后，在镜头里的人生那么的悲喜无常，我却在真实的生活里体味到了人情冷暖。

这对年轻的我来说，是一次丰盛的人生旅程。我一直不停地在这些文字里提到"人生"。虽然我的人生到现在才经历了短短的二十几年，但这二十几年里经历的人世变幻，却让我体味到了人生里该有的甘苦。这样的经历对于未成年人来说似乎早了点儿，但我却无怨无悔地承受和体味。因为这一切都正如我对爸爸妈妈曾经说过的那样："我选择了我自己的人生，我就会坚持走下去，不管前路如何，无论什么结果，我都会坦然接受。"

是啊，我接受了一段如戏剧一般悲喜交织的人生篇章，所幸的是，到了这一段落，都还有着不错的结局。

　　电视剧拍完，我获得了导演和制片方的好评。但是电视剧的播出反响平平，并没有给我"一炮而红"的成名机会。我又一次回归到普通人的生活中。虽然说起来简单，只是一个身份的转换，但是对于我自己的心态来说，却需要一个很长的调试过程。

　　从每天为了功课和节目忙碌，到在剧组里每天忙碌拍戏，然后又突然回到每天只是学校和宿舍的两点一线，生活似乎少了一些元气，让我振奋起来的元气。舞台和镜头下如鱼得水的生活，内心深处依旧还是那么渴望，我有些坐立不安。一切似乎又进入了一种焦灼的状态，等待，等待什么？下一个机会，它又在哪里？

　　年轻的我，面对这样没有前路的等待，开始有些慌张，开始不知道该如何选择。是继续学习表演，去追逐明星梦，是在电视台里等待另一个主持的机会，还是回到学校好好学习，考一所大学？这样的选择摆在了我和家人的面前。如何选择成了让我最为头疼的事。

六

校庆主持的成功和《音乐新视听》的播出，冥冥中产生了一个小小的"蝴蝶效应"。这只可爱的蝴蝶扇动着翅膀让我人生的硬币又一次开始转动。

汉中市电视台举办"少儿才艺大赛"。希望除了汉中电视台自己的专业主持以外，能够在区县中选拔一名主持人。县团委就把我这个"音乐VJ"推荐上去。我跟着团委的郝书记去节目组所在的宾馆，见到"少儿才艺大赛"的编导和主持人，郝书记怕别人看不起我这样一个县城的小孩，于是他将我在湖南主持以及在略阳县当地的"傲人成绩"介绍给节目组，但我并没有看到节目组同人们有我期待的反应。

在他们眼里，我只是个孩子，充其量就是有一点儿主持经验的孩子。

王媛和余琨这两位汉中电视台的当家一姐更是没把注意力放在我的身上，我只记得她们穿着睡衣，一脸疑惑地看着我。这反倒激起了我的斗志。我一定要让节目组和这两位当家主持人见识到我这个小孩的能力。王媛和余琨按照节目组

的要求，把控节目进程，保证节目效果，任务重大。至于节目组对我的要求也只是需要完成自己要说的台词就可以。说白了，我就是一个未成年的"摆设"。

不过，靠着多年私下模仿湖南卫视主持人的招式，即兴发挥，我偶尔灵光一闪的表现让一姐有些措手不及，反而达到了不错的节目效果。随着节目的深入，我和两位"大主持"的配合也逐渐默契，节目组也逐渐开始重视起我这个未

成年的"花瓶主持"。我们的即兴发挥让原本平淡无奇的
"少儿才艺大赛"有了不一样的味道。呵,我这个小兵又一
次立了大功。可遗憾的是,这次的才艺大赛并没有在电视上
播出我主持的部分,这对于我来说也是莫大的打击。

我的这次表现引起了导演——王华黎的注意。也就是这
一次的表现,为我后来进入汉中电视台打下了基础。这一个
无心插柳的机缘,在不久远的未来居然生了根,让我意想不
到地变成了绿荫。

人生AB面就这么悄悄地开始了又一次的选择。A面?还
是B面?真的很难说清楚。

第六章
人生 AB 面 (二)

无助感成了生活里唯一形容词。

一

人生的轨迹从看似平直到渐渐弯曲，慢慢地转了一圈，来到一个自己并不能够掌握的领域的时候，内心的诚惶诚恐开始被渲染和扩大。

这样的感觉，你知道吗？

王华黎的电话来得突然，我和她认识不过就是因为"少儿才艺大赛"。这次是汉中电视台台庆晚会，她想起了我。古灵精怪，想法多多，对于一个策划人来说是再好不过的帮手。

正好我的《音乐新视听》想采访应邀而来的歌手。于是两相沟通，我们有了再一次的合作。

采访没有顺利进行，但我和王华黎却成了很好的朋友。其实人和人之间的关系是那么难以形容、那么微妙，我与华黎姐似乎有着天生的TONG调，频率一样，对于很多事情的看法和观点也出奇地一致。

我们也成了很好的工作伙伴，一直合作至今。这里有知遇之恩，也有投契之好，甚至有家人之情。这样的关系也让我有了新的机遇。由于这次台庆晚会，我认识了汉中电视台的余凯台长，最重要的是他给了我在汉中电视台试镜的机会。相较于略阳县的县级电视台，汉中电视台又有了高一阶的标准。很快电视台就安排我试镜。没有经历过专业训练的我，仓促之间走上主播台录新闻，结果是可想而知。

主播要求的抑扬顿挫，以及播报新闻的端庄大气，我是一项都不符合。本以为可以借此从县级台进入市级台，可是机会还是就这么从手边溜走了。我又回到了略阳县。而且一等就是半年，也正是在这个半年里，我的人生有了新的变化。

已经高二的我，虽然主持上小有成绩，又在电视上露过面。但是面对升学、面对考试，父母和我依然承受着很多的压力。既然要当主持，就要到专业的学校进行专业的学习。

　　高考中，大部分院校的新闻和主持专业在招生时，除了对学科分数有要求，还要在专业科目上进行提前一轮的选拔。为了应付专业科考试，我去了四川成都某大学进行专业科的学习和训练。

　　在学校，我们这些高中孩子来自不同的地方，也不是通过统招的方式进入学校，学校对于我们这些孩子的管理教育没有正规学校那么严格，我们的老师都只是比我大一两岁的师兄和师姐。对我这个已经有一些"江湖经验"的小江湖来说，他们的气场似乎并不足以震撼我。那个时候的我，很狂妄。也就是因为我比其他人多了那么点儿主持经验，所以在学习开始阶段，我显然领先所有人一个身位还多。这样的领先优势让我开始变得飘飘然。晨操不出，晚练不练。对于课程的安排我开始抱着三天打鱼两天晒网的态度，而且我的优势也让老师们放松了对我的要求。

　　专业科目的学习对我来说，开始变得悠哉快活。就是这样的悠哉快活的背后，隐藏着我不知道的危险。恰恰是这个危险，给了我足以致命的一击，这个危险，也让我明白自己究竟有多爱主持人这个职业……

二

懈怠总是在不经意间就让人失去防备心。早不出晨操的我，开始沉溺于晚睡晚起的恶性循环里。别人早起练功的时候，正是我躲在被窝里梦周公的好时段。

又是一个跟周公喝茶聊天摆龙门阵的热闹时候。晨操的师兄回宿舍，他忘记带钥匙，于是就以"黯然销魂掌"不停地轰着宿舍门。

响声大作，周公跟我不得不提早散伙。我迷糊地起了床，从上铺偷懒省事地踩在半人高的桌子上去给他开门，好巧不巧，我正好踩在桌子的角上，整个桌子翻了过来，桌脚直接撞在了我的嘴上。巨大的疼痛潮水般涨上来，突袭而来的撞击反而瞬间麻痹了我的末梢神经，以至于我浑然不觉。迷糊中，给师兄开了门，接着又爬回床继续睡觉。

桌子翻倒，白墙上留下斑斑血迹，地上一片狼藉。师兄掀起被子，正要骂我偷懒不出操，却发现我嘴角涌出的血已经把被子染红。当我意识到问题的严重性时，已经坐在金牛区第一人民医院的急诊室里。镜子里，我的嘴唇完全裂开，

在学校简单的包扎根本没办法止住血。红色的液体从纱布里涌出，染红了我的皮肤和手指缝。

疼痛本来是集中在伤口上，随着时间的流逝，疼痛混着血液开始从手指里涌出来，跟着向身体四处扩散，无休止地增长蔓延，顺着身体缠绕。我顾不上蔓延身体，抽干元气的疼，满脑子想的都是万一破相了，我的主持梦就得彻底终结！

这时候，手脚也开始因为疼痛和失血变得冰凉无力，我浑身颤抖着坐在急诊室里，等着医生的宣判结果。时间拖得越长，绝望就愈发根深蒂固，我的心脏被人揪住，缩成一个硬点，哽在那里，吐不出，也拿不掉。

医生出现了，我强忍着疼痛，渐失知觉的嘴已经说不出一个字，我用笔在染了血的纸上写下："求求你，阿姨，千万要帮我。我是学主持的，如果留疤，我以后就没办法当主持人了！"我越写就越怕，眼泪就在眼眶里打转。如今，只能把关于以后的一切都交到医生的手里。她告诉我，现在必须要缝合，但是因为伤口部位的关系，不能打麻药。我哆嗦着写下来："阿姨，你放心，我不怕疼，只要能治好，怎么样都成。"

我都可以忍受，是的，所有的疼痛在这一刻根本都算不上什么。别说是缝合，只要能让我再抓得住我的梦想，什么代价我都愿意！我的梦想在这个时候就像一只抓在手里却没有线辘的风筝。稍不留神，那根线就从手指缝里滑出去，随风转眼不见，我现在唯一能做的就是竭尽全力抓住这根线。

医生很快开始为我进行缝合手术，因为创口过深，处理和缝合都相当麻烦。我抬头看着无影灯，镊子夹住的弯针在灯光里闪着寒光，带着羊肠线在嘴唇上穿行，我能听到它"咔吧"一声穿过我的嘴唇，我也能感受到羊肠线从嘴唇里拉拔出来发出的摩擦声。绵长的疼就像小小的疙瘩被羊肠线一个一个地带出来，再一个个地穿进去。

我不知道那么漫长的时间是怎么熬过去的。衣服被汗整个湿浸透，贴在脊背上，一阵阵的寒意不合时宜地渗入到皮肤里面，那种痛是钻心的痛，每一针都几乎要了我的命。当整个缝合过程结束的时候，我已经处于半昏迷状态，根本没有力气站起来。

18针！

这18针简直要了我的命。医生几次跟我说："孩子，如果疼，你就哭出来，不要忍着。"可我硬是咬着牙挺了过来，没有掉一滴眼泪。因为我是男人，我不能哭。人一生中不知道会遇到多少灾难，这次的意外对我来说仅仅是一个教训，也许就是我年少轻狂的代价吧！

我不哭，只是为了让我的梦还能苟延残喘地留在我的手里，给我一个微弱的希望。如今的我，只能靠着这个微弱的希望继续撑下去。

老人家总说："别后悔，这世界上可没后悔药卖。"可这次我真的后悔了。假如我安分上课，出操晨练；假如我不熬夜贪玩；假如我不是偷懒省事踩在桌子上；假如……

如果那么多的假如我一一做到，也许局面就不会弄成现在这样难以收拾。任何的"果"，都是由一个个"因"累积起来促成的。现在的局面是我一手造成的，怪不得任何人，这就是命中注定。

作为一个男人，自己造成的后果就该自己担。虽然说"出来混，总有一天是要还的"，可真正到了要面对后果的时候，我开始退缩、开始害怕、开始悔恨。这样的教训，只要一次，我就觉得足够，能让我重新来过，我一定不会让这样的事情再次发生。

学校在我出事后希望通知家长并回家休息

我拒绝了学校的要求。我恳请老师不要通知爸妈，我不希望他们担心，更不希望我回家休息。我不希望妈妈看到我现在的样子，我一定要坚持，不能让妈妈担心，否则她会崩溃的。我的请求似乎并不能打动那些一心想脱责的老师们。我打电话给姐姐，告诉她发生的事情和我现在的状况。

当我用气音谎报结果，告诉她我只是不小心摔伤，才缝了三针的时候，我的心狠狠地揪了一下。姐姐很担心，希望我回去养伤。我故作轻松地拒绝，并威逼利诱她不准告诉爸妈。她勉强答应，只是在最后，姐姐突然问我，万一留疤，你是不是就不能做主持人了？

这是我一直努力回避的问题，关于答案，我不知道，也不想知道。

我沉默了很久，最后勉强地告诉她，我还能做主持人。挂了电话，抑制很久的眼泪终于忍不住溃堤而出。"我还能做主持人吗？"这疑问强而有力地击中我的"死穴"。

还能做主持人吗？万一留疤了，那我主持人的梦、明星的梦、所有曾经在脑海里熠熠发光的梦就要被现实砸得粉碎，到时候该怎么办？我能怎么办？茫然的前路突然被浓厚的雾遮挡起来，下一步是悬崖还是坦途，是荆棘还是花香？答案我根本无从找寻。把害怕、担心、绝望、悔恨统统哭出来，让自己好过一点。那一夜，我辗转反侧无法入眠，无法抑制地任凭泪水不住地静静涌出、滑落。

从那天开始，本来悠哉的专业课学习变得异常痛苦。我曾试图继续去上课，可是别人异样的目光和自己嘴角的疼痛让我根本没办法去课堂上专心听课。不能开口说话，也让我无法跟着老师进行专业课的练习。

我的生活变成从宿舍到校医室，从校医室再到宿舍的两点一线。每天我都得戴着口罩在偌大的校园里穿行。看着别人复习功课或者在操场上打球，他们的欢声笑语与格格不入形成了鲜明的对比，一切似乎在无声地嘲弄着我。

大部分别人上课的时间，我就躺在床上，看着窗外的那一小块儿天发呆，然后迷迷糊糊地睡过去。每天去食堂，打一点粥，再忍着疼，强迫自己一点点地吃下去。

我突然变成离群索居的怪人，被所有人隔绝，他们都冷眼地看我，同班同学形同陌路，各自生活在自己的圈子里。没人在意我的喜怒哀乐，没人关心我的疼痛和悲伤，那时候心里有种莫名的凄凉。

由于营养跟不上，我的伤口愈合速度很慢，疼痛开始变成一种常规的状态，它会从清醒一直延续到梦里。于是，我在辗转反侧中度过一个又一个难熬的夜晚。换药、打针，却因为宿舍里糟糕的卫生条件，和我没办法更好地保证伤口的清洁而变得反反复复，没法儿洗澡、不能刷牙。我一直忍受着这难熬的状况。

虽然我曾经比别人领先一个身位，但是经过这么一个变故后，似乎我跟他们的差距已经变得微乎其微。眼看着专业考试就要到来，可是以我现在的情况根本没办法应付，从里到外，我似乎都没办法继续在这里坚持我几欲破灭的梦了。

回家。我现在唯一能选择的就只有回家。

三

回家突然变成了很沉重的概念。

一想到家，就能想象到父母看到我现在这个样子后的心情——心疼、难过——这些是我最不想看到的。他们是我至亲的人，我不忍心用我现在的样子来折磨他们。可是现实如此，我也只能纠结地给他们一个我的决定。

"爸妈，我总有一天要长大，也总有一天需要面对很多事情，需要自己承担很多事情。你们不可能陪我一辈子，未来的路需要我一个人走下去。这次来成都学习，我的嘴受伤了，但不是很严重，我回到家时不管你们看到怎样的我，你们都不要难过，因为儿子长大了。"

我把这些话写成短信发给他们。

从四川回家的路，那么长。颠簸中，我听着铁轨和车轮"咔哒咔哒"的撞击声，怎么也睡不着。这个声音砸在心里，一紧一紧地让心脏收缩，压迫出的阴郁顺着经脉四处弥散。我好想回家，我想爸妈了，家才是最温暖的地方。

　　家对每个人来说都是那么使人安慰，让人充满力量。当我到家，妈看到我瘦弱憔悴的样子，止不住地哭。我从她和爸爸的眼睛里看到了忧伤和担心。我的疼痛如果是十分，他们的疼痛就是百分。因为他们更多的是心疼，这样的心灵感应也只有家人之间才能有。

　　我只能用纸和笔写，用气音小声说："别难过，我会好起来的。"

　　真的能好起来吗？我安慰他们，自己却不知道结果终究会是什么样子。生命里的事件往往就是这么福祸相依，原本平顺的生活在某一刻间天翻地覆，成了现在这样前途未卜的绝望。可我还是抱着微弱的希望，每天按时换药打针，做一个听话的乖孩子。就是在这样患得患失的煎熬中，我的伤慢慢好起来。

　　复原后，似乎并没有留下让我担心的瘢痕，一切比我想象的状况好很多。

　　半年的时间，我们一家从悲伤和绝望中慢慢缓了过来，而我也已经忘记了曾经近在咫尺的那个主持人的梦，也忘记了试镜后，我已经等待了半年。从这样的事情中慢慢地熬过来，我似乎已经对其他的事都不抱太多的幻想了。

　　这也是一种成长，在苦难和疼痛中慢慢蜕变的成长，经过这一次。我开始懂得珍惜自己来之不易的一切，开始体会自己所拥有的一切是多么的幸福和珍贵。

四

就在这个时候，华黎姐又一次找到我。

伴随着国内一股"真人选秀"节目的迅速风行。汉中电视台也希望做一档全市范围内的全民歌手选秀活动。华黎姐希望我能够参与到整个节目的策划和制作过程中。

我当然希望能够参与其中，如果通过这个节目而进入汉中电视台，那么我的梦想就几乎能够实现了。而这时，爸妈经过之前的事，加之我已经要步入高三开始备考，显然已经对我外出有了更多的顾虑。

在一个八字没一撇的节目和考大学这条"正途"面前，他们还是希望我能够留在家里好好学习。命运走到这个关卡，我又一次需要对自己人生的下一个方向进行重大的选择。

好纠结的选择啊！我陷入了巨大的矛盾中。

一年一度的《汉中春节晚会》紧张地运作。作为进入汉中电视台的前期准备。我帮华黎姐进行了相关的准备，并且在晚会过程中担任起采访嘉宾的任务。在准备和采访过程中，半年来丢失的自信，和那个自己逐渐失去热情关于主持的梦又一次复活。关于此前的种种经历又在脑海里不停地跳跃出来。

在镜头前，我找到了久违的快乐。我做了一个决定——暂时放下学业，去汉中跟华黎姐一起完成这个选秀节目。可是，父母对于我这个决定，根本就不同意。

"一个17岁的孩子，都未成年，去汉中电视台能行吗？再说，马上就要高考了，万一电视节目没成，再把高考耽误了，不是竹篮打水一场空？"这话不无道理，可是这次去汉中也许是我最后一次向自己梦想发起冲击的机会。高考今年落榜，明年可以从头再来，可是这次机会丢了，也许就再也没有了。之前有过一次机会，我没有抓住。如果这一次再抓不住，我一定会后悔。

我的父母永远都会在最后一刻放手让我一搏。这样的放手需要多少勇气？虽然每每他们给我自由的时候，我都觉得是那么的理所应当。如同我孤身一人前往湖南，如同我坚持转学，如同我去拍电视剧……

我即使是个能力再强大的超人，在他们眼里，也永远都是个孩子，他们依旧无时无刻不担心我、记挂我。这些往往都被他们放在内心最深的地方，他们会在我受伤的时候呵护备至，会在我需要的时候挺身而出，会在我冲撞他们之后第一时间原谅我，会在我犯错的时候不留情面地指出。

这些无非是因为我是他们深爱的孩子，这就是这个世界上最伟大的父爱和母爱。

可是他们最后还是选择——尊重我的决定。如今，我终于能够体会他们做出让我一人离家的决定时内心的不安和焦灼。这就是家的温暖与力量。让我寻找了很久坚持梦想的原因，可能就在这吧！

2006年刚刚开始，我还不知道今后将面对的是什么。入冬第一场雪的时候，我离开了家。雪花扬扬洒洒落下来，大朵的白色冰晶就这么悄无声息地落在我的脸上，慢慢化成水，好像我的泪水一样。其实没什么难过的。看着街头疾驰而过的车，看着被雪一点点覆盖、渐渐变白的山头，我一个人站在路边，好像我被孤立成一个人，独立于世地看着安静的雪、喧闹的街。这是另一个关于我，只关于我的世界。

昨天是妈妈的生日，48岁了。转眼间妈妈已经走过了48个春夏秋冬，这48年，妈妈经历了上学、恋爱、结婚、工作等等。虽然光阴在妈妈的脸颊上留下痕迹，但我为妈妈感到高兴，因为她48年来，经历了许多，懂得了许多。她有一个爱她的女儿和儿子，还有一个疼爱她的老公。

48年来，我从来没和妈妈说过一句我爱你，但我今天想说："妈妈，我爱你。感谢你17年来给予我全部的爱，要是没有你和爸爸，我真的不知道自己的命运又将怎样，我真心地希望你能够快乐。"

谢谢妈妈，谢谢妈妈给了我生命。要是没有妈妈，我想我也不会有今天，这个世界根本不会有我，不会有带给大家快乐，带给大家好看节目的马小松。

——摘自马小松的博客

离开家的那天正好是妈妈的生日，我一个人坐着车，从略阳往汉中走。我没来得及跟她说声"生日快乐"，也许她因为我的离家而根本不快乐。

车窗外的雪依然飘着，慢慢地把整个世界笼罩在一层白色的冷霜下面。我蜷在座位上，任由汽车摇晃，昏昏欲睡。前路如何，是否顺利，这些我并不知道，我只是凭借着自己对于梦想近乎固执的执着就决定这样做了。对错与否，都是要到最后才知道结果。

这样的过程之于生命，就如一个人不停奔跑的旅程，停不下来，也不能停下来。这样的旅行一直持续着。用一个一个成果或者后果，成功或者失败串联出每个人不同于他人的人生，然后在时间的河流里慢慢被消磨，最后消失在时光的洪流和别人的记忆里。

这样的感慨似乎有些消极和悲伤。但这种情绪是每个人内心深处最阴暗角落里的种子，我们努力抑制它的蔓延和生长，依靠的就是家人和朋友在身后默默支持所发出的光和热。就是这些积攒起来的光和热驱散了我们内心最阴暗的地方，也就是这样的力量，指引着我一直走下去，走到我力所能及最远的地方。

追逐梦想要付出多大代价？这个问题，我一直在为每个看书的读者解答。

你需要背负起更多人对你的信任，并把这些信任变成丰硕的成功，让他们自豪和骄傲。你需要在左手和右手两种可能的人生中进行选择，并接受选择带来的后果。这样的道理，在时隔几年后的今天，我才能清楚地看明白并写出来，跟每一个经历过或者正在经历的人分享。

当我离开家，独自踏上去往汉中的路时，我知道我背负了父母的期望，虽然他们对于我的选择感到不解、难过甚至失落。但是因为爱和信任，他们还是松开了我的翅膀，任由我飞翔。这些是让人羡慕的，也是让我觉得无比幸运的。

我只是在不同的场合用文字感谢过他们，却从不曾告诉他们，我内心对他们的爱和愧疚。也许是中国人本身的内敛和含蓄使然，往往不愿意直面自己浓烈的内心情感。我同样如此。

也许未来，我们都能有坦然面对父母，大声说出自己内心的爱的时候，我们所要背负的重量会有了新的支撑，也许我们能够飞得更高更远。

五

新一地的生活，没了父母的照应、没了熟悉的伙伴。在一个会迷路的陌生城市里，我开始画下来自己新的人生轨迹。这是我在命途里的又一次新的冒险。前面有多少的艰难险阻，都不是我能够预料和掌控的。我唯一能做的就是竭尽所能的向前冲。可是现实那堵高耸的墙却让我清楚地了解到，关于人生里意气风发的追逐都不是那么轻而易举的。

顺遂在这样的生活里显然只是属于一个不存在的童话。

来到汉中，我以实习生的身份进入电视台。每月只能拿到300块的工资，没有住所，只能跟姐姐挤在一间小房子里。原本策划的活动也并没有如我想的那样顺利展开。我还是像在县电视台那样，坐在办公室里做一些实习生做的杂活。

也许是之前的名声在外，也许是我"空降"的关系，出于某种原因，我惹怒了一些办公室里的人。他们开始无缘无故地找我麻烦。单纯的生活在这个时候变得艰难且支离破碎。我是否要忍气吞声？是否要坚持？我想回家，我想放弃。可是转念又想到我决定离开学校来汉中的时候，父母那矛盾而又失落的神情，我又想必须要做出点成绩，否则真的有愧于他们。

六

复杂的人际关系和办公室政治让我觉得异常疲累。终于，这样的矛盾在一次小误会中彻底爆发，我冲出电视台，外面下着大雨，街道阴冷而泥泞，一个人淋着雨，走在这个不属于我的陌生城市中。

这里没有我的家人，没有我的朋友，没有一个我能安心容身的地方。我惶然地站在街头，不知下一步该迈向哪里。我本来应该向着我的主持梦迈进，如今却陷在了我不熟悉的怪圈里无法自拔。

方向突然被大雨阻挡，变得模糊不清。我本能地拨通了华黎姐的电话。华黎姐听到我在电话里的哭泣，显然是被吓到了。我委屈地向华黎姐说着自己的遭遇，她耐心地听完我的"控诉"，只问了一句，那你还想做主持人吗？

想做主持人吗？这个问题，最近我也在不停地问自己，怎么不想！还是"电视宝宝"的时候就狂热地追逐；在湖南看着主持人在镜头前的一颦一笑，我就梦想着有一天镜头前的那个人会是我；在我自己做第一档节目的时候，我就觉得这个梦在慢慢开出现实之花。

哪怕是在出了意外，这个梦几近破灭的时候，我还是不停地告诉自己，要坚持自己的梦想。我绝对不允许自己在即将成功的时候放弃。我几乎是以赌博的心态来到汉中的，如果这么容易放弃，那之前的努力又算什么？是的，我告诉自己，快了，我一定会有机会的。坚持住，一定要坚持住啊！

坚持需要体力，需要你反复提醒自己忍耐刁难、忍耐加班、忍耐别人的挑剔，用行动回应那些质疑。坚持需要勇气，需要你正视犯下的错误，纠正它们，然后逼迫自己快速长大。

《唱响汉中》节目组正式成立。借着全民娱乐的热情，关于汉中的一段娱乐传奇也缓缓地拉开了大幕。这个作为汉中地区覆盖面最广、影响力最大的选秀节目，从一开始就引爆了汉中全市市民的热情。

他们让我客串主持启动仪式。那一晚我没有睡，我一直告诉自己，明天的活动只准成功，不能失败。所有的人都等着看我的表现呢！

加油！

　　启动仪式台上的表现让台领导又一次记起我这个小孩子，而且对我在台上的表现大加肯定，还同意我主持其他赛区的预选赛。我成了汉中电视台建台历史里第一个没有批准就上台主持节目，并安然无恙继续主持的特例。这一转机在我意料之外，又显得那么在情理之中。这是我梦寐以求的一个机会。

　　华黎姐之前告诉我的那句"坚持到底就是胜利"在这时体现了它应有的价值。也就是从这天开始，我的生活有了新的变化，人生从这一刻有了新的转折。

　　感谢生活给我上了宝贵的一课，让我知道珍惜得来不易的生活，珍惜现有的一切。

　　谢谢我生命中的每一个人教会我关于生活不同的道理。

第七章
唱响日记

人生当中会有很多的机会，如果我们抓住了，似乎离成功就又进了一步。

一

《唱响汉中》应该是一个值得纪念的转折点。它让我初尝"走红"的滋味，也让我的眼界逐渐开阔起来。一个山里娃的主持梦在坚持了许久之后终于看到了一丝曙光。

趁着"选秀热"的风潮，《唱响汉中》这个属于汉中每个普通人的歌星梦舞台在慢慢延伸和放大，越来越多的人关注这个舞台，关注舞台上出现的每个人。

我们对他们来说就是承载他们梦想的载体，让他们在这舞台上把内心的梦说出来、唱出来。每当我站在这个舞台上，看着舞台下挥动的背板，一张张热情的脸，听着他们声嘶力竭地呼喊自己支持的选手的名字，内心就会涌动着感动。选手们在舞台上的每一次表演，以及表演后难掩的泪水也都让我这个"旁观者"为之动容。他们不论年龄、职业，为了自己的梦想，一直不停地努力奋斗。

有些故事我听过，有些故事却深埋在他们的心里。也许正因为如此，我们在整个比赛的过程中结下了深厚的友谊；也正是因为这次比赛，我有机会走遍了汉中的每个角落；也正是这个节目，让我的人生开启了新的篇章。

二

2006年4月17日，略阳

回到略阳，说心里话，我突然有些紧张，毕竟这里是生我养我的地方。17年的记忆，17年生活的点滴，自己的朋友、亲人，我生命里最重要的片段都藏在略阳的各个角落里。之前每次离开略阳，离开爸爸妈妈，我都有说不出来的感伤。如今我以《唱响汉中》主持人的身份又一次回到略阳，回到这个我再熟悉不过的地方，反倒有些害怕，毕竟我的亲朋好友都会在台下注视着我，背负着他们的希望和骄傲，我根本不知道该怎样在台上主持。

近乡情怯，也许就是我此刻的心情吧！

站在舞台上，我看着台下那些熟悉的面孔，激动得不知道说什么好。听着台下他们的呐喊和热切的目光，我有很多想说又不能说的话。不能说不感动，眼眶也不是没有红，只是我现在是专业的主持人，为了节目，我必须要克制自己内心的情感，把这场海选漂亮地做下来。

象山脚下、嘉陵江畔，《唱响汉中》的歌声引起了所有人的关注，原本以为平常的海选比赛却给了我更多的惊喜，短短两天内，发生了太多感动的故事，让我这个略阳孩子感到骄傲和自豪。

二百多名选手上台角逐进入复赛的资格。我们的节目并没有规定唱法以及曲目，所以民族、通俗、美声等各种唱法，自创歌曲、乐器演奏、舞蹈表演……选手们精彩的演出也让现场的观众和一些专业人士都连连称赞。不过毕竟参赛者多数是没有经过训练的，于是我们的评委，著名音乐人陈爽、评委二冬和我的好姐姐，也就是我的老师肖蓉，用诙谐幽默的语言指出了他们的缺点不足。

"电线杆式"演唱！

音量要调大一点！

唱歌首先站稳，不要飘来飘去。

不要一直去看天花板！

算不上"毒舌"，只是一针见血地指出参赛者唱歌的毛病，让这些抱着学习态度的参赛者了解到自身的不足和短处。

海选上精彩的表演也让晋级赛更加热闹，嘉陵广场上，被明晃晃的阳光晒热的空气，也点燃了亲友团和观众的热情。工作日第一天，我们本来以为不会有太多人来现场为选手加油。可当观众入场时，亲友团和热心观众乌压压地坐满了整个现场。一千多名观众把舞台围了个水泄不通。他们高举着自己支持的选手的海报、标语牌，大声地呐喊。哨子声、掌声、笑声把整个现场变成了欢乐的海洋。

我们这些做电视节目的人也许就是为了这样的热情而不停地努力吧。至少当我身处在这样的氛围中，感受着每个人的热情，心跳就开始加速，然后情绪被观众感染得兴奋起来。他们的欢笑和拥戴才是我们真正的追求。比赛的结果已经不再是我们现场每个人追求的唯一目的。站在舞台上表演，和台下支持自己的观众的互动，享受舞台上的每一个时刻，成为我们主持人和选手最开心的时刻。

在那个时刻，我们忘记了生活中的不愉快，属于我们的只有感动的记忆。

"5，4，3，2，1——音乐梦想，一起唱响，耶！"在观众的呐喊声中，音乐响起，歌儿唱起，复赛拉开了序幕。参加当天晋级赛的18位选手分成3组，按照"明星超体验""越唱越强""实力冲冲冲""狭路又相逢""决战梦之巅"这种宝塔式的竞赛方式，层层淘汰选拔，就是在这样的残酷赛制中，演绎着许多的感人故事。

选手孙静，一个漂亮女孩，她的妈妈得了癌症，她的每首歌都是为医院病床上的妈妈而唱。当她被淘汰的时候，她只希望能够为母亲献上最后一支舞。全场的观众都被看起来普通得不能再普通的舞蹈所感动，它里面包含了一个孩子对妈妈全部的爱。这种爱，在病魔面前，在生离死别之时，显得那么弥足珍贵。这种情感远远比在舞台上争个输赢，分出个胜负来得更加重要。

还有一对小姐弟，他们最后一起站到了这个舞台上，但是按照比赛规定，他们中只有一人可以拿到去汉中比赛的入场券。站在舞台上，他们要向评委和上千名观众进行最后一次拉票，来决定谁是最后的胜出者。我们原本以为他们都会做最后一次冲刺。可是他们却做了让我至今难以忘怀的决定。他们面对着最后一次表现的机会，却向所有的人推荐着对方。姐姐希望弟弟能够晋级，弟弟希望姐姐可以去汉中完成两个人的梦想。这样质朴的真心话里却有着任何竞争和利益都化不开的亲情。

我们常说血浓于水，也许就是这样的浓血深情，在这样的场合，这样残酷激烈的比赛中，才彰显出关于人类情感里最伟大的那一面。

略阳比赛结束以后，我们背对略阳的男山合影留念。记住略阳，我曾经在这里生活，现在我却被参赛选手的歌手打动着，更被这些情感感动着！我永远无法忘记这一天，永远无法忘记略阳这片土地，生我养我的地方。

——摘自马小松的博客

三

从3月18日到今天，我已经主持《唱响汉中》超级歌手大赛近一个月了，在这一个月当中，我见证了几千名选手。有年过半百的老人，有刚刚成年的男孩女孩，还有很多让我们感动的残疾人，他们都给我留下了深刻的印象，他们比赛的每一瞬间都将成为我记忆中不可磨灭的部分！

"音乐梦想，一起唱响，唱响汉中，梦想飞扬。"我觉得这是一种精神的象征。我觉得每个人都是用心在唱歌，无论他们唱得怎么样，但至少他们有勇气站在那个属于每个音乐爱好者的闪耀的舞台上。

在《梦想星舞台》节目的录制过程中，我们来到了南郑新集镇的黄新明叔叔家里，家里并不富裕，房子有些破旧，但却放着一台29寸的大彩电和一套组合音响。后来我才得知，正是因为他对音乐的热爱，他才舍得用自己的血汗钱买了电视机和音响。 还有南郑县牟家坝高家岭乡67岁的钟世兴老人，精神矍铄，见到我们格外地兴奋，我们的车刚停下，老爷爷就迎了过来，他把对音乐的喜爱告诉了我们。面对着蒙蒙春雨中的青山和清澈的小溪，在镜头前放歌，饱蘸深情，让我感动。住在3201医院家属院的刘红鹰阿姨，我从她的身上看到了生命的可贵，她对生活的态度让我折服。今年76岁的刘长源爷爷，是我们这次大赛年龄最大的选手，我们在爷爷家聊天，当聊到我们的家乡汉中时，爷爷激动地流下了眼泪，他告诉我：他在新疆待了20年，在那20年当中他无时无刻不想着家乡，从他的眼眸中我看到他对汉中、对家乡的热爱。

还有很多选手的精神让我感动。他们都为了共同的音乐梦想在追逐着。

虽然现在你们已经离开了这个舞台，但所有的观众，包括所有工作人员都在想着大家。你们都是大家心中的超级歌手。

俗话说得好，失败乃成功之母，只有你经历过N次失败，你才可能有成功的一天。失败是我们人生必须经历的，没有人能做到没有失败。我相信每一个被淘汰的选手，你们都是优秀的，你们都为了我们的"双创"增添了光彩，汉中因为有了你们而美丽，我们的大赛因为有了你们而精彩。通往罗马的路不止一条，一道题目有多种选项，只要你们热爱，就勇敢地追寻它，总有一天你们都会成功！加油朋友们！

此文献给所有热爱音乐、热爱生活的朋友！

——摘自马小松的博客

四

《唱响汉中》一路从海选走到了决赛阶段。那些和节目一起成长起来，已经在汉中家喻户晓的明星选手们也齐聚汉中。比赛进入到白热化状态，而我们的工作状态也变成了通宵达旦。当初刚刚接到主持接力棒的兴奋劲已经被工作压力掩盖。面对每天繁复的主持工作，我的脾气开始慢慢变坏，易怒、烦躁。我就像一只被充气的气球，稍微戳一下就会爆炸。

这个时候，因为节目在汉中地区被所有人关注，我这个

毛头小孩子成了当时汉中小有名气的主持人，在街上，被人认出，合影留念。从不习惯到欣然接受，再到觉得有些别扭，我的心态开始发生了微妙的变化。

一个小孩子面对突如其来的光环，开始有了眩晕感。这样的情绪，别人只是看在眼里，并不会告诉我。而作为我的父母，他们却给了我一个教训，让我重新认清自己。

《唱响汉中》的节目时间长、战线远。我不像之前那样还能抽出时间回家看望爸爸妈妈。可他们担心我的身体，为了看看我，于是爸爸妈妈一有时间就坐车来汉中看望他们这个"明星"儿子。可是我糟糕的情绪却一直让我很难在他们面前有好的"脸色"。一开始，也许他们觉得我很忙、很累，总是容忍和迁就我。终于有一天，他们压抑克制的情绪也被我直接引爆了。

导火线只是一件小事。

也许是看我压力大，心情一直不好，老爸提议一家人出门去逛逛商场，一是很久没有一家人出门，二是希望能够拉着我出去散散心。可我却很干脆地回绝了他的好意，而且理由相当的"讨打"。我不想出门，被人认出来很烦，宁愿待在屋子里——我口出狂言。

老爸终于被我激怒了。"你也太狂了，你连你是谁都不知道了吧？你要是这样，我宁愿没有你这个儿子！"

我当时觉得十分委屈，觉得他的话太重。我只是累，不想出门，难道有错吗？本来就不好的情绪更加恶劣。不过看着一直容忍我、鼓励我、支持我的爸爸妈妈那失望的表情，我惊觉：也许真的是我走的路开始脱离了原来的轨道，也许真的是我膨胀得太厉害。不知道那些话会对爸爸妈妈造成多大伤害，直到几年后我才慢慢理解，父母的内心很脆弱，经不起我这样折腾。一辈子，没吃过好的、没穿过好的，把一生奉献给我，而我这样的态度、这样的语气，他们的心一定像刀割一样。我无数次想对他们说："爸爸妈妈对不起！"可是这些话，我却一直都藏在心里，没有告诉他们。如今，事情已经过去，我开始努力去过一个正常马小松该过的生活。

当时的心情，我写在了博客里。

"今天不知道怎么了，心情一直不好，心里总有点什么东西压在里面，想释放出来，但没办法，我无法发泄，也不知道到哪里发泄。爸爸妈妈和二叔他们来看我了，爸爸今天在酒店狠狠把我骂了一顿，很久没有被他们骂了，爸爸说我太狂，说我自己不知道自己是谁了，让我以后不要再认他，我当时听了那些话，心里真的很难受。我无语，我不想解释，我也不想告诉爸爸我今天心情不好，我只想自己默默承受。我不禁要问自己：马小松你真的变了吗？你变得连爸爸妈妈你都不想认了吗？你膨胀得太厉害了吧！

我在不断告诉自己：是爸爸妈妈给予了我生命，没有他们哪有我今天，爸爸妈妈才是把一生的爱都给了我和姐姐，他们永远都在爱我们，我们在外面受了委屈，只有他们一直支持我们，所以我要感谢我的爸爸妈妈！

我要说：爸妈对不起，今天是我不对，我让你们生气了，但我是爱你们的，我只想让你们过得幸福，希望你们健康！我以后会改的，我也希望大家以后对待自己的父母都不要凶了，他们不可能陪我们一生，总有一天他们会离开我们的，请大家珍惜自己身边的每一个人！"

就是这么一件事，让我明确了自己人生的方向，知道了人生的路应该怎样继续走下去。很多时候，当你站在一个成功的位置上，你所看到的无不是鲜花和掌声，听到的无不是赞美和恭维。可当有一天你走入低谷，鲜花和掌声以及曾经围绕你的那些赞美恭维就不会再出现，剩下的会是什么？虽然我不是一个典型的"成功人士"，但我必须懂得这些道理。这样，即使有一天我摔跤了，我依然可以重新站起来！

生活再怎么走下去，都是需要自己一个人努力完成的。不论境遇如何、不论结果怎样，最终自己都要面对属于自己的那个结果。平常心，也许就是自己手里战无不胜的、最有利的武器吧！

五

　　《唱响汉中》从四月份的海选进入到五月、六月的决赛阶段。离总决赛越来越近，而我人生的分段赛也进入了倒计时——高考。一边要主持节目，一边要准备高考。我的生活变成了"蜡烛两头烧"。虽然节目组很照顾我的时间，并尽可能地合理安排录影时间，可是我要面对的何止是时间问题。

　　如果说《唱响汉中》是我的表演舞台而非竞技场的话，那高考就是我必须面对，需要搏杀的战场。

　　主持上的良好表现，让我觉得自己今后的学业方向应该是播音主持。所以在选择学校的时候，我也尽量挑选这些专业学校。既然是专业学校，除了文化课，专业技能的考试也是必须跨过的门槛，过不了专业考试，文化课再好，也是没用的。于是兼顾着主持节目的任务，我又开始了四处考学的路程。当时对主持的皮毛了解，对我的专业考试充满了信心。

　　第一站湖南——我梦想开始的地方，很多全国知名的主

持人都是出自湖南的大学。如果能够在这里完成我的学业，在我看来，求学的生涯就完美了。

可是现实给了我一个下马威，在初试的时候，因为身高问题，被挡在了门外。还没有与其他人竞争，我已经就被隔离在起跑线外。我向老师苦苦哀求，可是身高这道门槛还是高不可攀。面对周围光鲜靓丽、人高马大的竞争者。我觉得自己输得很窝囊。但我还是鼓励自己，总有不"以貌取人"的学校。

浙江广播学院成了我的第二站，很多优秀的主持人也是这里出来的，也许我可以从这里开始我的主持梦。

　　真正来到浙江广播学院，我原本的信心立马矮了一截。和那些精心打扮、穿着时髦的人相比，我这个山里来的小孩显得那么不起眼。看着周围人反复练习着自我介绍，我自己所准备的那些功课显得生疏和笨拙。我在心中已经开始酝酿放弃的念头了。曾经没有接触过，我自以为是，天不怕地不怕，出来才发现自己就是一只可怜的井底之蛙，完全没见过世面，我该怎么办？转身还是前进？

　　不过以我一路走来的主持经验，至少可以进复试吧……残酷的现实面前，我把自己内心的标准又稍稍地调低了一点。如果进入复试，对我信心的恢复大有好处。可是真正站在考场里，面对那些考官，我以为简单的初试却变得那么困难无比，周围的竞争者显然准备充分，老练而沉稳。我那些从电视上自学、在舞台上自我摸索的"野路子"，在这些正规学院派的眼里会不会得到认可？心里一点儿把握都没有。

　　焦灼的等待后，终于到了发榜的日子。

　　我站在人群里，跟周围的人一起在榜单上寻找自己的名字，有人开心祝贺，有人黯然离开。而我呢，那密密麻麻的名字里为什么还没有出现那熟悉的名字。我反复浏览榜单，希望自己眼花，漏掉自己的名字。可是我的幸运这次没有眷顾我，我又一次成了落榜者的一员。直到现在我也永远无法忘记当时的失落、失望，甚至是绝望……

　　短短的时间内，两次打击，开始让我怀疑自己是不是真正适合走主持人这条路，虽然我在汉中如鱼得水，但真正来到这些电视媒体或者经济发达的省份，那些引以为傲的本领在这些更强的竞争者面前是那么的微不足道，甚至有些可笑。

一山总比一山高，可是被人超出那么多，让我之前积攒的自信心早已经挥霍殆尽。当我回到汉中，继续《唱响汉中》最后的那一星半点儿幸福时光的时候，我的心里却开始慢慢接受一个现实，那就是我也许会去当一个在现实面前放弃梦想的人，停止我的主持梦。

放弃梦想的过程对于我来说就像放弃生命一样，像是在自杀。我无法接受现实，面对数次落榜的打击。难道我真的就这样放弃了吗？难道我真的就不如别人吗？我开始迷茫，开始思考新的未来，那漫长的思索期对于我来说就像是在服刑，痛苦且不堪回首！

六

就在我对于自己的前途灰心丧气的时候，让我的生活出现新的转折的"关键先生"再一次闪亮登场了。

他就是北京一家娱乐公司的周亚平老师。因为周老师，我的命运轨迹永远地改变了——我跟他相识基本上就是一个关于"忽悠"的故事。

当初《唱响汉中》开始的时候，我们的比赛评委都是一些来自当地音乐领域的杰出人物。到了决赛，节目组希望可以找到在中国音乐圈真正有话语权的老师来增加比赛的权威性。这个时候，我想到了捧红庞龙的周亚平老师。我凭着当年打电话"骚扰"电视节目组的劲头拨通了周老师公司的电话，并找到了周老师本人。我将节目的实际情况和节目组的想法告诉周老师，并希望他能够来到汉中当评委，他很爽快地答应了。

当他按照约定时间出现在机场，并发现迎接自己的就是我这个小孩子的时候，吓了一跳，如果一开始他知道是我这个小孩子给他打电话，他是一定不会答应来当评委的。后来通过决赛中的合作，我和周老师成了好朋友。

一次谈话中，周老师问我，以后有什么打算。听了后，我沉默很久，仿佛周老师的话一棒子把我打出原形，我本不想去思考自己的未来，而他的话却把我敲醒，让我一时语塞，不知怎样回答。我告诉周老师，自己其实很想继续做主持人，但现在考虑到自己的年龄还小，希望先考一所学校读书，等毕业再考虑这个问题。周老师对于我这样的决定并不理解，于是我把自己考专业课的惨痛经历告诉周老师，他却不以为然地笑起来。

"当年，我签庞龙的时候，所有的人都告诉我，这个人不可能红，可我还是签了。后来公司为庞龙出专辑，所有人又都说，《两只蝴蝶》根本不可能大卖，可我还是坚持推这首歌。谁也没想到结果是人红歌也红。"

我听着周老师讲述他自己的经历，好像一面镜子一样照出了另一个我——被现实击败，溃不成军的自己，因为现实中的种种不尽如人意，因为考试中的屡屡败下阵来于是开始逃避放弃、懦弱退缩的自己……

"马小松，也许你的外在条件不是最好的，可你有与生俱来的亲和力，这个是天生的，是别人怎么也学不来的，你只要能坚持，我相信四年后你一定能成为一名优秀的主持人。"

周老师最后的话，就像一根救命稻草，在我几乎命悬一线的时候又一次救了我。原本我并不知道自己的优势在哪里，只是一味看着别人的长处空羡慕，而周老师的一番话却让我明白，自己的优势是哪里，劣势又在哪里。更重要的是，周老师用他自己的经历给我上了宝贵的一课。坚持，只有自己咬着牙坚持下去，也只有自己坚持自己的路，不被别人所左右，最后才可能获得成功。周老师的鼓励让我的自信又一点点回过神来。

我该向着自己的梦继续前进。

《唱响汉中》结束了。一切又回到了最初的样子，可一切又跟最初的时候有了点儿变化。在节目中经历的那些欢笑和感动是那么珍贵。甚至到现在，我还会不时地回忆之前经历的种种。也许是之前的生活忙碌充实，使得突然空闲下来的我变得失落彷徨。

高考结束，我并没有进入我梦想的大学生活，可是周老师的话却给了我信心，我决定重新进入高中复习，去为自己的大学而努力。虽然已经重新拾起信心，可是回归到普通生活的我，还是多少有些不习惯这种简单。我还是会"话当年"地说起之前主持时遇到的种种趣事，还是会看着电视里那些主持人，然后艳羡不已。

我的主持梦什么时候才能再次继续下去？

就在这时，我接到了周老师的电话："马小松，暑假来北京吧，来北京帮我带一个艺人，好不好？"

让我当艺人助理？

周老师的电话像一颗小石子，扔进了我早已平息的心海，泛起波澜。如果答应周老师，就等于放弃了高考，如果不答应呢？在这个人生转折点上，我的爸爸妈妈并没有阻拦我，他们似乎已经从之前的种种经历里认可了我的全部选择，也许他们觉得我真的已经长大，可以放心让我去飞，于是他们同意让我去北京。正是当时他们的支持，给了我最后做出选择的勇气。我答应了周老师，坐上了开往北京的列车。那时的我永远也想不到，正是因为这次旅程铺就了我通向梦想彼岸的阳光大道。

北京，是一个偌大而又忙碌的城市，里面飘满了在这里等待和寻找梦想的人。有的人喜欢它，因为这儿到处都是希望，到处都是梦想；有人恨它，因为到处都是失望，到处都是绝境。而对于我这个仅仅只有17岁的孩子，北京，等着我的究竟是希望还是失望?

我不知道。

我只能靠着自己的信念，咬着牙不停地向前走。

加油! 马小松!

第八章
天使明星汇

这是我第二次进京。

一

上一次还是带着明星梦来学表演的时候。那时候，我和同学们住在地下室，吃街边的小吃，一起去练功房练功。虽然辛苦，但大家亲密无间，嬉笑之中互相照料，也就忘掉了筋骨的劳累，日子过得还算轻松。如今，我一个人来到北京，且是当明星助理。这是我之前根本没有接触过的行业。后面的日子究竟怎样，就像是一道难度五颗星的谜题。

我在北京开始了自己的"北漂"生活，成了"北漂"一族。

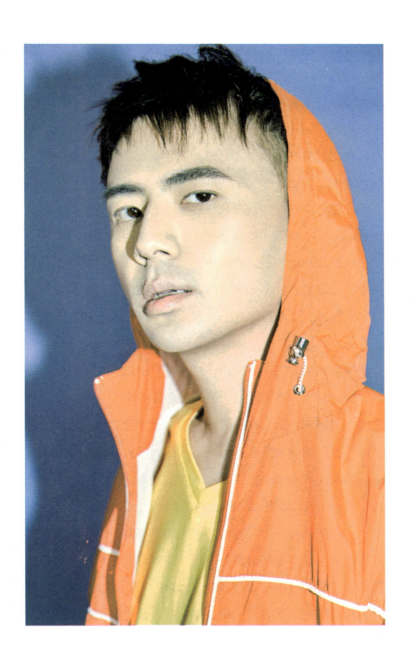

　　刚到北京，一切好像并没有想象的那么辛苦。周老师很贴心地派了司机接我去公司。到了公司，见到周老师，简单地寒暄后，他给我介绍了我的工作对象——汤潮。当时，汤潮刚刚创作完《狼爱上羊》，并在市面上得到广泛好评。看着一位之前只在电视上见到过的歌手，现在我却成了他的助理，这一切，显得有些不真实。

　　汤潮大哥很友好地跟我打招呼，简短的自我介绍后，我正式成了他的助理。助理是干什么的？平时要做什么？所有的一切对我来说都是那么陌生。我有些不知所措甚至慌张。周老师安排暂时找不到房子的我住在了他家里，他的家人都对我很照顾，让我这个在北京人生地不熟的孩子略微地定下了心来。

　　慢慢适应之后，我的助理生涯开始了。为汤潮安排通告、带他演出。幸好我适应能力强，接受能力快，加上自己之前在电视节目组工作的经验，很快就学会了如何跟媒体打交道，并开始陪着汤潮到处商演。因为汤大哥歌红，商业演出一个礼拜可以多达三四场。于是，我们就成了"空中超人"——在机场转机和候机近乎成了我们每天必修课。

　　这一切看起来让人感觉是那么的不真实。马小松开始享受这样的生活，虽然很累，但至少离梦想近了！这样的生活我不但不觉得辛苦，甚至还乐在其中。每每躲在摄像机背后，看着镁光灯下的明星和主持人时，我血液里的那些与主持有关的因子就禁不住蠢蠢欲动。

　　一次，我陪着汤大哥参加中央电视台的一档节目，某歌手表演结束后，找不到自己的助理，最后我们发现他的助理正在台上演唱。不过当时所有人只是把这个插曲当成一个八卦谈论。可我却十分羡慕他能够上台唱歌，哪怕短短几分钟，也能感受舞台的魔力。我离开那个梦想的舞台似乎有很长时间了，开始有点儿担心自己会渐渐远离我的梦想，以致永远失去它。最可怕的就是梦想近在咫尺而我却碰触不到！

　　看着别人为了梦想，千方百计地努力接近那个舞台，而我，似乎早已经遗忘了那些曾经拼搏的经历了。

　　曾经的主持梦又一次出现的时候，我坐到了周老师的对面。我把我自己想做节目的想法告诉周老师，他并没有正面回应我。之前周老师并不是没有想过做电视节目，但是当时电视节目制作并不规范，制播分离也是刚刚开始，而且各家电视台自己又有专门的策划制作部门，如果没有成熟的计划，不能慌忙地上项目，这毕竟是要花真金白银的事。

　　当时的我，并不知道做这个事情后面现实情况，我只是觉得做节目如同自己在略阳电视台的《音乐新视听》那样简单。小时候爸爸妈妈常说傻人有傻福，那时候我什么都不懂，只是有一股永不言弃的精神。周老师并没有阻止我继续的步伐，一边做着助理，一边在音乐学院上课。我等待着合适的机会继续我的梦想。

二

　　随着工作中的不断历练，我开始注意关注电视节目的变化和搜集有关资料。经朋友介绍，我认识了雪梅姐，这是我人生中第一次结识节目导演。我把自己的想法告诉她，她没有把这些当作是玩笑。也许我的幸运就在于，每次我把自己的想法告诉别人时，他们都很尊重我的想法，而不是当作一个孩子的异想天开。

　　这样的幸运没有一次是凭空得来，而是在我深思熟虑后的讲解孵化出来，我们本约在星巴克见面，由于她突然有工作去外地而被迫推迟，但她给我介绍了一个台湾的女制作人。我将我的想法告诉她，她也给了我人生中第一个真正的节目策划案——《鸟人部落》。它是一个抽屉式的节目，抽屉式就是以很多综艺环节搭配在一起构成的节目形式。

　　当时这样的节目在全国并不多见。我满怀信心地把这个节目策划案交给周老师，他看过之后并没有给出一个我想要的答案。他要我写一个项目报告给他。啊？项目报告！这个是我之前根本没听过的东西。怎么写，写什么？我一头雾水。

　　为了自己的节目，我硬着头皮在网上寻找关于项目报告的一切，做功课、找例子，我模仿着能够找到的所有资料，写了一份看起来十分美好、节目前景一片光明的报告书。周老师看完这份过于光明的报告书，并没有否决我的想法，他把我的项目书交给一个总监，让他处理。虽然周老师的默许让我的想法迈出了第一步，可是就算节目做出来，但播出平台在哪里？这成了又一个难题。

　　这个也是很多节目制作公司都面临的问题。国内虽然有很多电视台，他们都需要不同类型的节目，但是影视制作公司又何其多。每年这些电视台都会收到成堆的样片，可真正能够获得青睐的节目却只有寥寥几个。

　　我这样的一个初出茅庐的小孩，又该怎样才能挤上这个有着千军万马的独木桥？

　　我一边继续跟制片人沟通，修改节目策划案，一边开始给一些卫视打电话，落实节目播出平台的问题。电视台的程序以及其他大的电视制作机构的强势，让我这个小小的节目没有得到太多播出平台的青睐。

　　直到我拨通广东卫视的电话，在电话里，我向广东卫视的总编室肖主任说了自己节目的构想，也分析了广东卫视现在收视的情况。加上我之前做的功课，以及我对广东卫视的深入了解，肖主任决定给我一个机会，谈谈看。

　　只是三个字"谈谈看",却给了我无穷的信心。从四处碰壁,到现在出现一线生机。我觉得只要愿意谈,就说明是给了我一个机会。我每天打无数电话"骚扰"肖主任,终于有一天台里给予了我正面的回应。通过沟通,广东卫视跟我们签订了意向书,如果节目样片效果好,台里就拿出时段给我们播出。

　　给了机会,现在就看该怎么想办法抓住它了。

　　广东卫视要不要合作播出节目,完全是要看样片的效果。所谓样片就是以节目策划为蓝本录制一期样本片,电视播出机构根据样片的效果来决定是否购买节目或者合作播出,所以说样片的效果决定一个节目的生死。就在将要进入录制样片的阶段的时候,又出了问题,节目突然"停滞",一切陷入僵局中。

　　台湾制作人的节目制作费用过高,让样片的制作陷入僵局。我们面对又一次选择:放弃,或者再找一个新的制作人来领导这个项目。节目制作人对于节目来说,基本能够决定这个节目的优劣甚至生死。在香港和台湾这样娱乐节目发达的地区,往往看节目制作人的名字,就能判断这个节目是否好看。

　　为了保证节目的质量,我再次求助雪梅姐,她向我推荐了一位决定节目未来走向的重要人物——光芒四射的杨长岭大哥。他曾经是某知名综艺节目的制作人,当时刚刚成立了自己的公司，他也需要一个新的节目开拓新的领域。就在这个状况下，我们成了一个战壕里的战友。

由于和台湾制作人的合作结束，之前的策划案也不能再用。这时候，杨长岭大哥帮我拿出了新的节目策划案。他结合时下最当红的节目形态，安排我们同一群美少女一起出镜，和明星互动。这样的形式当时国内电视综艺节目界还没有先例，而且找青年漂亮的素人出镜也能够抓住青年观众的眼球。

显然这个节目的形式和内容需要年轻、有娱乐精神和强大综艺气场的主持人才能抓得住节目的精髓。这时候我们想到了东方卫视的娱乐主播——周瑾——我最喜欢的中国综艺女主持之一。她轻松自在、能说会道，以及她自己特别的个人气质让她在众多主持人里显得那么鹤立群雄。

她会来主持我们这个现在看起来有点不靠谱的节目吗？而且还是录制样片？我怀着忐忑的心情拨通了东方卫视《娱乐星天地》制片人邵智愚老师的电话，我大概说明自己的用意后，邵老师很爽快地就把周瑾姐的联系方式给了我。但我拿到这个电话，却有点犹豫。应该怎么跟她说这件事，她会不会觉得我只是个新手就拒绝我，万一她拒绝我怎么办？我脑子里几乎把能想到的尴尬状况都想了一遍，最后当我鼓足勇气，拨通电话后，竟然是长长的忙音……

我没有放弃，又给她发了一条短信，并把情况做简要的说明。短信发出去，我心情慌乱地等待结果，不时地看着手机，确定手机是否开机，是否有信号。终于，周瑾姐回了我的电话，听着周瑾姐电话里温暖的声音，一时间，脑子空白，结巴了半天，才断断续续把整件事告诉她。她想了一会儿，告诉我，最近她会来北京开会，顺便可以跟我约一下，具体谈谈整个节目的事。

等待，这件事情是让我觉得最痛苦的。虽然之前经历了那么多的等待，但是现在碰到还是觉得很难熬。

第一次和周瑾姐见面，我很紧张。看着周瑾姐微笑着走过来，打招呼坐下，我很忐忑地讲述了所有节目的构想。她在询问了几个问题之后，开始仔细研究策划案。电视里的周瑾，活泼，让人觉得很有活力。而现在的她，充满知性魅力，有一种别样的美，简直让我看呆了。她告诉我们，她觉得这个节目策划案蛮好的，可以试试看。这对我来说，无疑是个惊喜，没想到她会那么快答应下来。

毕竟这么一个没有做过节目的公司，毕竟她对面坐的是一个未满18岁的小孩，毕竟她要去拍一个前途未知的样片。一个有着丰富经验的主持人，完全知道这件事情有多少风险。她微笑地点头答应了，反而让我有点措手不及。

既然她答应了，那还需要一个男主持人，谁是周瑾姐最合适的搭档呢？

三

我郑重地坐在周老师面前，告诉他，我想试试看，让我做这个节目的主持人，和周瑾姐搭档。周老师看着我，那眼神告诉我他并不确定以我的能力可以胜任这个工作。

我也知道他完全可以找一个更加优秀的男主持人来承担这个任务，但是看着这个节目从无到有，从最初到现在，我愈发希望自己可以更多地参与到这个节目当中。它对我来说并不是一个机会那么简单，更大意义上应该是我的一个梦想。

周老师在思考很久以后，终于答应给我一个机会，至于以后还有没有机会，就要看这次样片的效果了。现在说起来，显得那么轻松自在，可是当时所有的人都背负着巨大的压力，特别是我。样片决定我们能否成功，主持人则决定样片能否有好的效果，而我这个初出茅庐的小子却成了这一切的关键点。

无数的未知呼啦啦地冲着我飞扑过来。每天都紧张忙碌地为录制样片做着前期准备，而每天也有无数的万一在脑中

盘旋。万一节目不好、万一卖不掉、万一……自己给自己的压力，让很多看似简单的事变得千头万绪，本来简单的流程也因为牵扯各种利害关系而变得纷繁复杂起来。

录制样片，需要录音场地和相关的演职人员。对杨长岭这个做了多年综艺节目的导演来说，这并不是很大的问题，真正困扰我们的问题是明星嘉宾该找谁。

明星需要曝光、需要宣传，上节目是理所应当。可是我们这是一个生死未卜的样片，没有哪个艺人愿意浪费时间陪着我们来为这么一个未知数下赌注的。如果只是单纯地按照制作费用去找嘉宾，费用又高得惊人，显然下那么大的本钱在样片上，风险实在是太大了。

纠结我们的时刻又一次来临了。

每一个充满希望的电话拨过去，得到的却都是令人失望的答案。每一次托人情找关系去谈节目内容，最后都被委婉地拒绝。我第一次领教了这个世界现实的一面。如果我的节目排上档期，也许这些明星有可能愿意不收分文地露脸捧场，可谁会把时间押在一个也许永远没有人知道的样片上。终于在历经万般拒绝后，我们找到了两位嘉宾——程前大哥和刘承俊。

程前大哥能够帮忙，是靠着和杨长岭多年的交情。当年他们可是一个战壕里的战友。如今程前大哥友情站台，让我感受到这个圈子里少有的人情味。刘承俊更是没话说，一个韩国明星在中国打拼，愿意帮着我们录样片，让我特别感动。

现在，明星确定，主持人就位，场地准备就绪，演职人员全部到位。

"人间大炮，一级准备，二级准备，三级准备——

发射！"

让我给你们来点儿震撼瞧瞧！呵呵，一口气录两期样片，是不是够豪气的？当时觉得挺得意，现在深入了解这行后，才发现这根本就是个冒险的游戏。万一不成，几十万就这么被我当一场游戏玩过去了。

"冲动是魔鬼啊！"

录影当天，其实很多地方都让我感动和充满信心。程前大哥和刘承俊都尽力配合我们，以完成我们设置的环节。周瑾姐机智地问答应对，爆笑百出的环节设置，大家专业有序的分工，让我们悬着的心渐渐放了下来。反倒是我这个新晋男主持，第一次进棚录这么大型的综艺节目。我机位不晓得、走位不知道。让制作人和导播简直头疼到晕倒。还好周瑾姐能够很大气地掌握现场的一切，让我这个小弟有惊无险地度过样片阶段。

专业的就是最好的，这个话用在最后成片的效果上来说，分毫不差，主持人专业（当然我刚开始很紧张，可以忽略不计），嘉宾很专业，制作团队很专业，整个节目呈现出来的效果很不错。虽然还有瑕疵，但我们尽了最大努力。

看着努力的成果浓缩在这么一盒带子里，拿在手里，沉甸甸而让人安心。这是我们日夜奋战的成果，可是究竟能不能得到别人认可，有没有人欣赏，变成了下一个即将揭开答案的谜题。

　　从北京到广州1967公里，飞机只要三个半小时。可这三个半小时旅程的那头等待着我的究竟是什么？

　　我一直反复温习着之前样片里的内容，模拟着跟广东电视台高层会面该怎么沟通，该怎么说服他们，我把腹稿进行反复修改。这样的功课是我之前从来没有做过的，就算去汉中电视台，或者最初去略阳电视台做自我推荐，我都没有这么演练过。毕竟这个样片包含着太多人对我的信任和希冀。就不说别的，几十万的投资对公司来说就是不小的压力。现在，这种压力转移到我的身上。

　　我把自己逼上了破釜沉舟之路。

　　被逼入绝境，让人觉得痛苦，可往往在绝境里，人才会想着为了一线生机奋力一搏。若不是这么一纵入渊的决心，谁也不会愿意舍弃一切得到的去换一个未知的命数。而我现在似乎就是这么一个状况。

　　下了飞机，我们就急忙联系广东台，可是等到的答复却是等台里的时间安排。这句话就好像判了自己一个"无期徒刑"，真的是遥遥无期。

　　住进旅店，从窗户望出去，这个灯红酒绿的大都市笼罩在夜幕的霓虹里，恍恍惚惚，不像真实的世界。不知道明天会怎样的不确定感积压在心里，慢慢地堆垒成烦躁难安的心情。

　　广州人号称"天上飞的不吃飞机，地上跑的不吃火车"

　　这种大无畏的美食家精神早有所闻，若作平时，我会为了体会这样的精神而出去大快朵颐。可如今，我宁愿守在旅店里，守着固定电话、手机等一切可以得到任何蛛丝马迹的信息通道。

　　时刻准备着。

　　我不想失败，也不希望失败，更不能失败！或者说现在，我的字典里"失败"这个词必须得删掉。为了成功，我必须付出所有的努力。我一定要打赢这一仗。

四

　　等待只能让自己挨打，主动出击才能让自己处于一个有利的局面。这个战术曾是老一辈革命家在游击战中总结出来的，现在被我灵活运用到了实践中。我首先联系了之前一直与我们接洽的总编室肖主任，可看过我们的片子后，他只是简单地问了一些节目制作上的常规问题，并没有深入下去的兴趣。这样冷淡的互动让我的心一下子揪了起来，是不满意？还是不好看？

　　我努力从对方模棱两可的语言里捕捉一切可用的信息，

可是肖主任只是答应将样片交给相关领导看，然后就让我们回去等消息。

等消息？超强的第六感告诉我，这个"等消息"可能是无期限的等待。我脑中突然浮现出一幅画面——我们的样片和其他样片一起被堆在无人理会的仓库里，等待着被灰尘覆盖。我努力让自己镇静，把悲惨的画面从脑子里赶出去。怎么办？整个事情究竟哪里出了差错？为什么我觉得很棒的样片广东台的领导却没有一点儿兴趣？

直到后来跟广东台合作后我才知道，广东靠近香港，他们的资讯多与香港同步，所以他们更喜欢也更接受以粤语为主的港星。对于我们这个由内地主持人主持、以内地明星为嘉宾，多是说普通话的人才能明白笑点的节目，一时之间，他们很难感兴趣。

从电视台出来，接到了"等消息"的最终命运，我简直如丢了三魂七魄，不知道该怎么回北京向周老师交代。总监看出了我的"落魄"，他一直在安抚我。而我满脑子想的都是怎么办、怎么交代。想到周老师失望的表情，我就觉得心慌。

晚上回到宾馆，周老师打电话过来，问我情况如何。我结巴了半天，不知道该说什么，只是敷衍地告诉他，情况不错，台里让我们等消息。慌张地挂了电话，我坐在那里半天才回过神来。窗外的街道仍然车水马龙，我却觉得这座城市如此陌生。我第一次感受到生活的压力，近四十万的制作经费压得我喘不过气，公司里某些人的冷嘲热讽更让我不知所措，我该怎么办？我甚至想逃避现实，回到学校去做一个普通的少年。

我开始抱怨，抱怨自己为什么要好高骛远选择本不属于我的事业；抱怨凭什么其他学生都可以在学校里无忧无虑地生活，而十七岁的我需要面对这么多压力。我真的快崩溃了！总监明天要去珠海拿点儿东西，让我在广州等他，然后我俩再一起回北京。这样的决定表示他已经放弃了。可我不甘心！我不愿意自己的电视梦就这样走向破灭。

一夜的辗转反侧后，我早早就爬起来，对着行李箱发呆。我真的很不甘心现在就收拾行李打道回府，就算是灰溜溜地回去，我也想见到真正负责的领导，听他亲口把我否决掉。"讨个说法"的念头让我的执拗又开始在血液里翻腾。秉持着《秋菊打官司》的轴劲儿，我又一次拨通了广东台的电话——找台长！

台长不是我找就能找的。几番周折，我的电话总算打到了台长秘书办公室。当我提出，想见见台长的要求时。对方的回答礼貌而直接："请问您有预约吗？"我又一次像祥林嫂似的把我的情况跟她说了一遍，请她无论如何让我跟台长通一次话。对方沉默了一下。我猜她在考虑是不是要帮我这个忙，做了一番激烈的思想斗争。如果她断然回绝，我的希望就彻底破灭，我又一次恳求她。

"好吧。"对方终于松口。几秒后，我听到了何日丹台长的声音。我觉得自己的心脏已经跳到了嗓子眼，之前练习不知多少遍的说辞现在怎么也想不起来了，只好机械地说：

"何台长，我是某某艺术策划的马小松，之前让肖主任把我们的样片送过去过，不知道您看了没？"

我在台长的眼里跟其他的节目制作公司没有什么区别，他只是客套地跟我说了几句，就要挂掉电话。眼看着最后一线生机就这样溜走，我也不知道哪里来的勇气，大声地对着电话里喊出来："何台长，我从北京来不容易，求求你看一眼我的节目吧，就算样片不好，也希望你能看一下。"

估计是从来没人这么跟他说话，他沉默了，然后突然笑着说："那你带着样片过来吧。"

这一句话，对我这个已经被逼到绝境的人来说，简直就是大赦天下。我慌不迭地答应下来，发现自己的手在抖，根本拿不住手机，一时间没了头绪，不知道该干什么。好一会儿翻找出总监的电话，告诉电视台的台长答应见我们了。总监在电话那头先是一愣，然后也特别高兴地让我先过去说，他随后就赶到。绝处逢生的感觉让我堵在胸口的闷气退了一半，二话不说直接杀到了电视台，可当我真正站在台长办公室门口的时候，又退缩了。

现在进去，还是等总监来了再进去？我这个小孩子，台长看到能信吗，他会不会觉得我是开玩笑的？我满脑子的不确定又一个个气泡一样冒起来。我站在门外十分钟，想象各种可能发生的情况，盼望着总监快点出现。等不了了，我硬着头皮敲开了何台长的办公室大门。我从他的眼睛里明显地看出，他对面前这个小孩子有着无数的好奇。可能是要探究这个好奇背后究竟还有什么，他拨通了总编室的电话，并把我的样片交给了总编室的林主任。

我一直低着头，不敢直视面前的台长，与其说我怕台长，不如说我怕面前一个明明白白的结果。虽然刚刚我还赌着口气，希望可以见到台长，讨个说法，可现在真正面对的时候，我实在是没有勇气，如果他真的拒绝我……我实在不敢想下去。

何台问了我，为什么想要做电视节目，为什么会选择广东卫视。我就像面对高考一样，把自己知道的、听说的、看电视多年的"心得"一五一十全部搬了出来。我当时也不管自己说的这些话究竟有多少切中了要害，又有多少是文不对题。只要能把所有的问题填满，我就觉得有了安全感。这样的心态像极了考试的时候，面对自己不确定的题目，就想法用字填满，看着密密麻麻的字，就觉得心里踏实了。

五十五分钟的样片时间是那么漫长，何台长针对样片提出的问题也越来越专业。一开始我还能勉强应付，越到后面，我越发觉得吃力。我心里念叨着总监为什么还不出现啊。我真希望这时候他能像超人一样出现，救我于危难之中。

很快节目就结束了。何台长看着我，沉默着不说话。我也停止了言语，可是我的心脏跳动的声音却很大。我怀疑当时办公室里所有人都听到了我的心跳声。我那紧张时带着点儿希望，又已经做好失望准备的纠结心情，类似一个将死之人在等待最后的宣判——不是上天堂就是Go to the hell（下地狱）。

这时候，林主任突然说了一句关键的话："其实我们需要的就是这样的娱乐节目。"就是这样的一句话，成就了我们这个节目。何台长点了点头，节目可以做，但还是希望节目里要加入他们台里的主持人，一个叫吴瑕的女孩子。

吴瑕？按何台长的说法——一个普通话只比我好一点儿的女主持。这是玩笑话，但是在我看起来这就是一个巨大的转折点——有门儿。后面的状况就在我那个起死回生、招招摇摇的希望里变得不那么重要了。

这个事情的起承转合，像过山车一样忽上忽下，一会儿天堂，一会儿地狱。我从台里出来就跟洗了桑拿一样腿脚发软。从筹备节目到现在身在广州，我的心里已经没有太多笃定的勇气，更多的时候，我只是安慰自己说：希望这次会好起来，希望这次有机会。"希望"成了我心里每天必须要说的台词。

在林主任的介绍下，我见到了吴瑕。我们的见面氛围很奇怪，我邀请她吃饭，可她却把她妈妈也带了过来，这让我觉得这个女生很有意思。也许就是她这样有点儿无厘头，又有点儿单纯的个性，让我们短短的时间里就成了无话不谈的好朋友。很庆幸，我的生命中又多了这样一个有趣的女人成为一辈子的朋友！

我们的广州之行终于在跌宕起伏中结束了，虽然不能说是凯旋，至少带回了很多好消息。

可是，真正的角逐才刚刚开始。

五

加了主持人，之前的名字显然不再适合，于是节目正式更名为"天使明星汇"。我人生的第一档节目也正式进入了操作阶段。

虽然我们已经跟电视台达成协议，可真正对这个合作有发言权的还有代理广告的广告公司。他们掌握了一个电视台真正的经济命脉，所以能不能成，还要看他们的"脸色"。节目几经修改，但他们还是模棱两可，一切都悬而未决。这样不知道时间、不知道结果的等待是最让人痛苦的。

我根本就没办法给参与其中的所有人一个明确的答案。

节目是我一手攒出来的，可眼看着在这瓜熟蒂落的节骨眼儿上，却一直没有下文。面对每一双渴望的眼睛，我真的不知道该说什么。再等等，可什么时候是个尽头啊？无形的压力把我压迫得无法喘息。

虽然吴瑕一直在以"内线"的身份帮我打听消息，可等待的日子过得让我求生不得、求死不能。总算熬到正式谈判的时候，新的问题又出现在我的面前。广东卫视虽然答应了我们的节目立项，可制作经费却少得可怜，跟我们的预算相差了好几万。这样的局面显然让等待了很久的人们十分失望。

我跟杨长岭说了情况以后，他很明确地告诉我，为了保证节目质量，这个价格他是坚决不能开工的。他是个完美主义者，这我很清楚，这点儿费用根本保证不了他对节目的质量要求。他的退出我很无奈，可也必须寻找新的团队。

由于经费不够，我提出了"一分钟广告"的要求，其实我也很为难，可现在的状况之下我必须这么做。我一方面寻找新的制作团队，一方面等待着最后的谈判结果。

在北京，我跟周妈住在一个不足二十平方米的小房间里，我们相依为命。在我最孤单无助的时候都是周妈在鼓励和安慰我。虽然生活算不上好，但那段时间是我在北京最快乐的时光。我是一个天生害怕孤单的人，那段时间周妈陪着我，让我不再孤单，让我在北京有家的温暖。

这天下午，我做了一个梦，梦里去世多年的爷爷奶奶竟然来看我。这样的梦，在这个时候显得那么机缘巧合又玄妙万分。我突然从梦中醒来，告诉周妈我梦到爷爷奶奶了，我觉得他们可能给我捎来了好消息。话刚说完，总监的电话就到了。广东卫视终于答应了我们的要求，并和我们签订了最终的合约。

我抱着周妈大笑，然后哭了出来。

眼泪里没有委屈，只有感慨，回首我这一路的坚持和等待，为的就是这个电话，为的就是这个梦想，今天它终于成功，之前的等待、压力、纠结、煎熬，在这一刻都化成泪水狠狠地流出来。

我看着周妈，周妈看着我，来时一路的不易、一路的委屈，还有在广州煎熬的那几天，所有的一切都是那么真实。我有太多的话想说，告诉周妈、告诉爸爸妈妈、告诉所有的人，我之前是多么不易、多么委屈，如今我又是多么开心。扬眉吐气的感觉是那么的真实而畅快。

我的第一个节目——《天使明星汇》正式上档了！

未来的路该怎样走？我不得而知，我只能对自己说：马小松，加油！

第九章
现实逻辑学

现实生活里有很多常见的逻辑。

顺水行舟的就会要风得风，逆风飞行的就要四处碰壁。

一

当一个人被光环包围时，他的身边一定都是"朋友"；当一个人身处困境时，朋友大多都跑光了。我称这样的状况为现实逻辑学。

我坐着车在午夜北京的长道上一直前行，路灯拉出的光晕在眼角着了色。每个迷离的夜后面都有五光十色不敢晕染的残酷故事。不说故事里的反派是多么坏，也不说主角多么悲惨。这样的故事不过就是现实自导自演的一场小戏，演完谢幕，无人观赏。冷暖自知的心情也只有我自己了解。

现在要把这样的故事写出来，希望看过的人只把它当成一出戏，仅此而已。至于里面出现的反面角色，也请勿对号入座。

只是故事，不用紧张。灯灭，故事就这么开始了。

"无巧不成书"的道理放在每本被铅字印满的文本里都是成立的，我的故事也不例外。当我还是一个"电视宝宝"的时候就对主持人情有独钟。

安琥，一个不一样的娱乐主播，少见的有型有款的娱乐男主播，他是山东汉子，跟我这个陕西小伙有着同样北方人豪爽的性格。也许就是这份大气与豪爽，让我一直把他奉为偶像。当我还成天骚扰各家电视台的时候，安琥也是我"重点照顾"的对象。

我有幸成了第一个给《娱乐任我行》节目组打电话的电视观众，也就是因为这个第一，我得到了签名照，还通过"花言巧语"跟编导套近乎，跟琥哥通了电话，拿到了他的电话号码。从此，我时不时对他进行短信骚扰。虽然当时他不怎么搭理我，不过我还是一直作为他的粉丝从网络到电视尽可能让他知道我在支持他。

这样的日子现在说起来，并不是想重温美好的东西，只是为后面的残酷作一点点铺垫，虽然这个残酷与琥哥无关，但很多命运中的美好不美好都是从一开始暗暗埋下一颗种子，等待一个合适的机会发芽、开花、结果。若消极，这叫因果报应；若积极，这不过是美丽又神秘的"蝴蝶效应"。

记得我还给琥哥发过这么一条短信："琥哥，有机会我当主持人，有自己的节目，希望你能当我的嘉宾。"这样的话，当时我只把它当一个梦，琥哥也许只当作一个喜爱自己的粉丝发梦时的胡言乱语，听听便罢。

当《天使明星汇》正式开播的时候，我这句梦话竟然成真了。当然，若这个事，是我通过自己的想法实现，也许就没有了玄妙的气氛。而这一切只是机缘巧合，在我不知情的情况下，节目组邀请琥哥上节目宣传自己的专辑。而当年的短信到《天使明星汇》录制仅仅一年多的时间。

当我们在后台见面的时候，我虽然兴奋于自己当初的梦想一一成真，但是转念又想，这么顺遂的过程又能维持多久？

曾经眼里一切的困难，在顺风顺水里变得那么轻而易举？甚至任何要求都可以被满足，这对培养一个人的虚荣心是极肥沃的土壤，一颗种子渐渐高傲地自我在光环里慢慢膨胀起来。而我却并没有发现，还在自己的世界里享受创造的胜景——那个用梦想堆垒的城堡，忘记了城堡外面的现实里有多少明枪暗箭。为了利益，他们正虎视眈眈地对着像我这样还在做梦的傻子。

二

虽然《天使明星汇》对我来说是一个里程碑，但从专业的角度来讲，它并不是一个完美的节目，更像一个仓促降生的孩子，先天不足。

从综艺节目制作方面来说，长期以来都有一个"惯例"，那就是"日韩抄欧美，港台抄日韩，内地抄港台"。而《天使明星汇》这个模仿台湾《我爱黑涩会》节目形态的综艺节目，无论从当时的策划到中期的制作还是后期的剪辑都跟这个"始祖"有着不小的差距。

这样的差距也体现在了现实的收视率上，虽然节目形式对于广东卫视来说属于新鲜尝试，收视率也挤进台内节目前十强，但在周末黄金段的全国综艺节目里做比较，差的就不是一星半点儿了。加上广东地区观众优先选择收看以本地方言为主的频道这一收视习惯，进一步降低了我们这个北京班底的偏北方的娱乐节目的收视率，情况就更糟糕了。收视率对于电视台来说是极端现实的标杆。我们这个先天不足的"小孩"面临着"后天贫乏"的环境，陷入了尴尬的境地。

而就在这个时候，为了摆脱尴尬，我被很多人盯上，他们编织了一个完美的故事，让我一个人演出。而对于这些，我却全然不知。

虽然我可以说我主持过《唱响汉中》，但那也只是一个市级电视台的节目，所要面对的仅仅是几百万人而已。而现在的平台却是整个国内甚至海外，节目的要求也不再单单是一个会说话、反应还算快的小孩就能主持。我这个连机位和讯道都不知道在哪儿的人，一个被人一时捧在手里的小胖子，站在那个舞台上的时候，也许就在摄影棚的某个角落里，会有一些不怀好意的眼神交错着。

我仍然怡然自得地在镁光灯下陶醉地旋转。这都是"圈子"里的故事，进不来的人觉得圈子神秘兮兮，可是一旦进了这个小得不能再小的圈子，现实就变成藏在心里的暗潮汹涌，不知道什么时候就被蓄谋已久的潮水冲走。

幸福只是梦开始时候的幻想，它引诱着我一路不停地走，我开始为了这个自己辛苦努力得到的节目拼命。除了主持人，我还要负责节目的媒体宣传和艺人统筹，甚至连节目跟电视台对接也是我在一手操持。

这样的大包大揽让我俨然成了节目组里最忙的人。压力像一个不定时的炸弹塞在心里，随时随地，我会为了一件小事难过甚至发脾气。不是不能忍，而是没办法看着自己辛苦努力得来的东西被人破坏，那是本性里兽的一面——誓死捍卫自己的地盘和果实的怒气。这样的怒气在别人的眼里却嚣张、猖狂、是不知天高地厚。而现实逻辑学的做法不是把这样的感觉告诉我，而是在默默忍受的同时私下编织一张黑色的大网向我靠近。

节目进行了一段时间，我一夜之间遭遇到人生中关于斗争的最残忍的一课。

那天我心情不错，第二天录影，来宾是我现在最好的朋友——叶一茜。一切都好像风平浪静的海面，一股波涛汹涌的暗流就在这个时候开始慢慢向我靠近。

电话没征兆地响起来，我像往常一样接起来，跟电话那端的同事开玩笑。"公司刚才开会，节目组讨论，觉得咱这个节目如果要继续下去的话，可能需要一些变化……"这样的开场白，云淡风轻地飘过来，却让我闻到隐约的暴风雨的气息。我的第六感突然启动，预感到后面的话是针对我，但一切没有预兆，我又否决了自己的想法。

"我们觉得这个节目可能不太适合你，节目组讨论决定换个主持人。你要好好去学习一下，充实一下自己。"

我拿着电话，呆了两秒，让刚才这句话又在自己的脑子里复习了一遍，他们说换了我？这可能吗？不对，今天不是我生日，也不是愚人节，在家里，周围没有摄影机。他不是开玩笑？

　　"不是，总监……"

　　我还没说完，就被他平白没有任何感情色彩的话打断。他的语气平淡，好像只是一个老朋友来找我聊天，说着不关他与我的无聊话。可全部的内容却是对我的判决书。这种对话似乎更像是对我的审判。

　　"我们会帮你重新设计一个节目，更符合你个性和特色的节目。"

　　我听到最后这个结语的时候，能感受到那些平时熟悉而微笑的面孔上带着的冷笑的温度。每一个字都像是一把刀，在我的心口慢慢划开，绵密的伤害是背叛留给我最深的痛。

　　一个我赔上了无数心血的节目，一群我以为患难与共的伙伴，在我完全被蒙在鼓里的情况下开了一个讨论会，结果是把我从这个节目里驱逐出去。没有原因，甚至连个借口都懒得给。什么叫不适合？什么叫为了节目的发展？这样的托词就把我打发掉。我听着电话里的忙音，觉得愤怒开始慢慢燃烧起来，在我回过神来以后……我冲出去，冲向公司，我要问个明白，我不允许自己的成果就这么轻易地被人夺走，绝对不可以这样！就算拼了命，我也要把我的梦夺回来！

三

公司里，我看着那些冷着面孔的曾经的战友，他们却转过身，给我一个模糊的背影。我开始怀疑，我是否真的认识他们。

他，曾经对我很好，在我到外地的时候，在我手机欠费不知情的状况下，贴心帮我缴费，在我父母来北京的时候帮我照顾他们。

他，新的制作人，虽然制作经费不高，但是我们曾经一起努力创造出我们都很满意的效果。

还有他，还有她，甚至他。为什么，他们为什么要在现在这个状况下将枪口一致对着我，又快又狠地一枪一枪地打过来。我听着他们的抱怨，看着或冷静或旁观或激昂的一张张脸，听着他们口里形容我的词语。

他们还是我认识的那些人吗？他们口中说的是我吗？为什么他们要这样说我？为什么之前他们从来都没说过，只是对着我微笑地说着甜言蜜语？为什么？

我有太多的疑问无法解答。甚至到现在，我把这个故事写下来的现在，我还是没办法找到这些问题的答案。可能我并不需要找这些问题的答案。

现实逻辑学，他们学得比我熟练。人的本性有时候与狼相同，在利益相同的时候，可以群起而攻之。我现在就是他们矛头一致发挥的目标。我委屈，我愤怒，我觉得自己是被人拉在烈日底下，用尽手段凌辱。而就在这个时候，我也发现孤立无援的可怕。一个人被众人团团围住，进不得，退不得，光被遮盖，空气被抽干。这种恐惧是从心底一点点泛起来，它连同着别人的否定慢慢坚定成自己对自己的否定。

我真的是他们口里说的那么不堪、那么不专业，甚至我就是节目做不好的唯一原因？我现在唯一能够想到的向我伸出援手的就只有周老师。当我来到他的面前，我能得到的并不是我以为的帮助。周老师只是沉默，我对那些指控一一反驳的时候，他的眼神似乎告诉我，我的解释在他看来只是强词夺理。"三人成虎"在这个时候终于让我见识到威力了。我的节目、我的梦想、我的一切都在毫不知情的情况下被淹死在唾沫星子里。哪怕我还只是一个孩子。

周老师只是说："节目组所有的人都对你有意见，你的心态有些膨胀，大家都觉得你不适合主持这个节目。"

膨胀，这是我的错。可膨胀就是扼杀我梦想的理由？就是把我从这个我辛苦了很久的节目里踢出去的理由？我想不通，我实在想不通。为什么是这样的说法和手段？

现实逻辑学的厉害在于，它在我风光的时候给了我让人艳羡的收入和名气。而现在它落井下石，也让我陷入了一个窘迫的境地。

刚换了新的公寓，那是一大笔钱。如果没有工作，光是房租就能让我头疼死了，更不必说日常开销。现实在我面前摆了一道很简单的计算题，要维持这道题等号两边的平衡，我必须要平衡自己的工作和收入。而那些我曾经的"战友"们却因为他们各自的理由，牺牲了我这个他们觉得可以牺牲的人。他们毁了我的梦、我的尊严，甚至连我在北京继续立足的生活，他们也顺手打碎。可到这个时候，我还是觉得一切就像个玩笑。躺在床上，看着窗外那个城市从灯火通明的夜渐渐安静直到凌晨。我希望他们会给我个解释，告诉我之前的一切都是个玩笑。马小松，你回来吧！

可是，他们没有。

我还是认真准备，准时来到摄影棚。虽然所有人知道我会出现，但是我平静地出现是他们料想不到的。镁光灯下，本来属于我的位置被新的主持人占据，我就站在录影棚的角落里默默看着。所有人在短暂的交头接耳后，就把我当成一团空气，要么任由我从他们面前像从不存在般地飘过，要么像发现不到我一样，眼神从我身体穿过，默默走开。

这比冷漠地对我还让我难受，我现在对他们来说只是一个不存在的影子而已。我的名字相信很快也会成为被他们偶尔谈及的打发时间的符号，毫无其他意义。但是我的安静也散发出幽怨，压迫着每个人。叶一茜也显然没预料到之前还在跟她沟通的主持人，当天却被换掉。一时间场内气氛尴尬。

录影前一天，制片人在电话里怒不可遏地大骂："明天如果你敢到录影棚闹事你就给我等着！马小松，你要是捣乱，别怪我不客气！"还有很多很多的话让我都不敢回忆，我无法想象那是一个我曾经的战友嘴里说出来的话，字字像炮弹，轰炸我的心灵。

在节目现场，制片人那张愤怒扭曲的脸很难跟我之前认识的那个好脾气的制片人联系起来，原来他也会恼羞成怒。我只是看着他，不说话。我本来可以质问他、辱骂他，甚至可以告诉他，没有我就没有这个节目。

可当时，我一个字都说不出来。就算我说，在场的又有谁会觉得这些重要？对于他们来说，我只是一个曾经让他们厌烦、现在让他们讨厌的无业游民。我的梦，我现在连远远看着的权利都已经被人剥夺。

我唯一能做的就是躲在那个灯照不到的角落里，让眼眶里的眼泪涌出来，把舞台淹没，只是那舞台依旧在眼泪中闪耀着美丽的光芒，可已经和我一点儿关系都没有了。

四

梦已经跟我没有关系，而现实却更加清晰，清晰到只有简单有力的一个字——钱。从前收入丰厚的我变成现在这个没有节目可开，一笔进账都没有的无业游民。

我的房租、生活费，这些负担陡然变得沉重无比，压在我的胸口。我开始还幻想着是大家一时气愤，等气消了也许还有转机，我也无数次去找周老师，希望他可以为我说说好话。但现实是，我已经被视为麻烦以及节目里的定时炸弹。周老师虽然很想帮我，可是面对现实、面对这个还需要继续下去的节目，周老师也只能屈服。

我被高高抛起，再狠狠摔下来，摔得根本爬不起来。我伸手，希望有个人拉我一把，可他们都只是站在我的周围冷冷看着，或者发出一句哀叹，吝啬地给我一句安慰，然后悻悻离开。当初称兄道弟，当初把酒言欢，现在都与己无关地跟我划清界限。我想不通为什么曾经关系要好的人，现在却根本连沾都不想沾我。

本以为会有一些其他的主持机会，但是"圈子"太小，一旦你在一个节目组做得不好，其他节目就会很快收到消息，找到新的机会，变成一件几乎不可能的事。

所有人的表情曾经那么温暖，现在却变得清楚而冰冷。原来，只有在这样的时候，我才有可能看到他们面具后真实的样子。曾经热闹的手机，现在变得安静无比，我时常要拿起来检查是否没电了、是否有信号。我也开始变得敏感，很容易觉得自己的手机在响，每天幻想着会接到一个让我"起死回生"的电话。可结果是只有我查询自己的话费，一再确定电话是否畅通无阻。

娱乐圈的浮夸就在于你一旦到达一个位置，就必须维持一个假象。这个外在的假象的支持力量就是钱。也许这个故事到这里就开始虚荣和空洞，但这是一个现实，哪怕是不切实际的虚荣。这个行业本身就是浮夸和假面的。每个人的衣、食、住、行被放在放大镜下，被一双双眼睛检视，他们势利地用外在的虚荣来给每个人定一个标准。

这个标准苛刻而且每每都在提高，若是退缩，那就是诏告天下：你已经在走下坡路。那就是自毁前程、自断生路。

这个故事到了现在是不是很可笑？是的，可笑，现实就是这么可笑。我没有工资，却还要交高额的房租，还要承担自己的生活费。

就在我退无可退的时候，他们出现了。虽然他们的帮助

在那时候看起来根本影响不了大局，但也正是他们加入了我的阵营，才让这场我与现实的对决起了些变化。

张岩知道我的难处，他也是当时救济我的为数不多的几个好友之一。另一个是杨杨，也正是她的帮助，才让我慢慢走出梦想破碎的阴霾。

我每天都在想办法，我的几个好朋友也都在帮我想办法。眼前的问题很简单，我想去其他公司做主持，可是问题依然存在。如果公司不重新接纳我，那其他公司也不可能为我重开一扇门。我被贴了"有问题"的标签，这个标签是怎么也拿不下来的。

爸妈劝我回家，他们是不想我一个人在北京那么辛苦。妈在电话里说，回来吧，电视不是咱平民百姓能折腾得起的。那话里的心疼和温情，使我被压力绷到极限的心理防线几乎崩溃，可我还是要装作没事，宽慰他们：自己很好，不用担心。

不用担心。这句话是每个出门在外的孩子都会说的。再多委屈、再难过，面对家人似乎都很难亲口说出。不能让远方的他们记挂，不能让他们难过，于是咬着牙说，不用担心。深夜里自己舔着伤口，也得在他们面前用开心的声音说那么一句宽慰他们也麻醉自己的话。

每天在家里看着窗外的世界，我很无助，能做的就是偷偷地流泪。等到眼泪流干的时候，我的梦也就破碎了。

其实直到现在，我也从来没让我的父母来录影棚看我录影，因为我害怕，我怕脆弱的妈妈看到一切真实的状况后难过流泪。哪位母亲愿意看到自己的孩子在舞台上一站就是四五个小时？哪位母亲愿意看到自己的孩子睡不好觉忙前忙后？这一切的一切我都不愿意让他们看到，我只想让他们看到我最好的一面！这条路是我自己选的，他们没有义务和我一起承担所有的苦与累。

我也曾经想过要一走了之，回到父母身边。毕竟这些天的折腾，已经让我对很多人和事的看法变得极端和消极。可是，回去就能躲开现实里欺软怕硬、世态炎凉的闹剧？在那个小县城里，我在卫视当主持人的消息已经被很多人知道，我已经成了爸妈心中最大的骄傲。如果现在放弃一切，重新回到那里，过一个普通人的生活，就等于告诉所有人——我失败了。

在这个"恨人有、笑人无"的时代里，我的失败只会变成别人的笑柄，而我也变成爸妈必须背负的一个讽刺——说我虚荣、说我浮夸。我不可能让爸妈来承受我的失败。我可以接受自己失败的样子，接受现在自己四面楚歌的困境，但是我没办法想象父母在家乡被人质疑、被人背后消遣。

我得站起来，尽快地站起来。人似乎总是在这种退无可退的绝境里才会想到真正脱身的办法。我决定再冒一次险，另起炉灶再重新打造一档综艺节目。这一仗，我只能硬着头皮打了。之前节目里，我曾跟乔杰立的183CLUB组合打过交道，《王子变青蛙》里的明道让我印象深刻。如果能够和他以及其他人搭配一个"明星主持人组合"，应该会有不错的效果。

我找到我的好朋友叶一茜。把这个几乎不可能的想法说给她听的时候，我知道她只是把这个当成我的又一次梦呓而已。但是我现在唯一能做的就是这样了，"死马当成活马医"，我决定试试看。

五

做节目，首先需要策划案。我当时的处境，基本上是叫天天不应，叫地地不灵。上哪儿找一个好的电视节目策划案？

杨长岭的名字出现在我的脑子里。如果他愿意帮我的话，这件事也就能成一半。我拨通了他的电话，把想法一五一十地告诉他。以我当时的处境，如果花钱买一个新的策划案，根本没有资金。杨长岭给我想了一个折中方案，他把之前的方案重新修改了一下交给我。

　　我拿着这个方案，动荡的心绪就安泰了一半。我开始托人找关系，联系相关的卫视，希望可以给他们谈这个节目案。心里那股憋了很久的怨气这时候变成一股动力推着我往前跑。可是带着怨念的我，为了一个结果开始不计后果地急功近利。

　　在山东，我为这个急功近利得了一个很大的教训。我通过一个朋友联系到了山东卫视的领导。我决定飞到山东，开始我推销节目的第一步。我借了钱，买了去往济南的早班飞机票。冷清的机场，我又一个人拎着包，坐在空无一人的候机大厅里。这一切是那么地熟悉而又陌生。

　　第一次坐飞机是回西安拍戏，然后是几乎天天坐飞机陪着歌手到处宣传和商演，接着是带着自己第一个梦攒成的样带飞去广州。这一切都好像就发生在昨天，昨天的美好就只是一个梦，现在梦醒了，我又回到了现实，过着现在这样不知道明天的生活。之前在略阳和汉中也遇到过这样的状况，可那只是一转眼就过去了。现在却变得那么漫长，漫长得让我怎么也看不到前面的路。我包里装着的那份策划案，可能是明天，也可能什么都不是，我想象不到万一不成功该怎么办，我现在能做的就是必须让这个案子成功。

　　"必须"这个词是我唯一的信念。

　　北京越来越小，越来越远，飞机带我缓慢地爬到云层里。太阳在清晨的时候干净而温亮，那光落在脸上，让人觉得充满希望。我就带着这个希望继续走下去吧！

到了济南，我跟随朋友找到山东卫视，将自己的想法和节目的策划向对方一一做了解释。因为有了第一次和广东卫视打交道的经验，这一次我老练而自以为是地用我的方式向对方宣传和推广我的想法，一蹴而就成了我的唯一目标。一个孩子，自以为专业又毫不客气的说辞在成年人的世界里变调成了狂妄和自大。对方开始觉得厌恶，甚至觉得我很无力，但我还是感觉良好地滔滔不绝。

第一次见面就在我的独角戏中结束。

当我再次来到山东卫视时，结实地吃了一次闭门羹。上次跟我"恳谈"的领导拒绝跟我再谈下去，突如其来的变故让我措手不及。这次"接见"我的是另外一位领导。他很直白地告诉我，我之前嚣张的态度，让他们觉得就算跟我合作，也不一定会有好的效果。

我百般道歉，可是对方的态度坚决。其实这样的经历对我现在的待人处世是有极多帮助的。山东之行让我本以为希望甚大的复兴之路再一次半途而废，但是如果没有山东卫视的领导给我上了那么一课，也许我到现在还是一副嚣张的样子。

我的策划案留在了山东卫视，也许谁都没看过吧。谁愿意看一个自以为是的小孩子的策划案？这样的教训到今日今时依然让我记忆深刻。

既然山东不行，我就必须另辟沙场。我又找到了陕西的

朋友，帮我联系陕西卫视。虽然陕西卫视当时已经有了做娱乐的意识，可是我晚了一步，我在陕西落地的娱乐梦想被另一个综艺界的大公司抢先一步。不能不说这是个遗憾。之前广东之行的顺利现在看起来似乎变成了一个神话，我甚至开始怀疑是不是自己的好运气已经用完了。

总应该还有什么办法，总还能走出一条新的路，我拼了命地搜索着所有的可能性。这种疯狂和执拗的根源究竟是什么？也许是不释怀于那些剥夺了我梦想的人的嘴脸，也许是不甘心看着自己的梦被别人据为己有，也许……

现在，我的文字可以写出很多个可能性，但当时我脑子里唯一想做的就是快点儿把策划案付诸实施。

这个时候，我又想到了一个人，湖北电视台的主持人——张峰。

说来也奇怪，我与他认识只是因为我当时还是助理。一次，为了安排艺人去湖北上通告而与张峰通过电话。我给他打电话，让他帮我去跑节目。现在想起来似乎有点儿不靠谱，可是当时鬼使神差地，我就给他打了这么一个电话，简单说了自己的情况，他却爽快地答应了我。

这是我很长时间以来第一次听到这么干脆的回答。我有点儿不相信自己的耳朵，我觉得自己是不是听错了。他为什么要帮我？这个问题我一直没有去问他。也许人与人的关系就是这么奇妙，帮或者不帮，就在一念之间，而这又造就了另一个故事的发端。

六

　　很快的，张峰有了消息，我俩约好时间，我又一次起程从北京飞往湖北武汉。当然这一次的钱还是找朋友东拼西凑借来的，又是早班飞机，又是我抱着一个电视节目的策划案和一个希望去一个陌生的地方。

　　下飞机的时候，天蒙蒙亮。坐在出租车里，外面是一条没有路灯的昏暗的路，方向只能凭感觉寻找。目的地是武汉的阿姨家，我不想让他们知道我的境况，只是模棱两可地告诉他们，我来湖北只是为了谈节目。

　　谈节目？这样的话说得我自己都嘴软。究竟成不成，我根本就没有底气。之前广东之行，我至少还有样片打底，而现在我有的只是薄薄几张纸而已。没有投资、没有团队，我几乎是空手套白狼，已经走到连自己都觉得发慌的地步。也许是太累，也许是这么折腾体力透支得厉害，我躺在床上，昏沉沉地就睡过去。睡得那么沉，一个梦也没有。

　　其实我是希望能够做一个梦，一个有好兆头的梦。我在这样的变局中，也慢慢开始屈服、开始妥协，人生由不得自己操控，我只能寄托于像梦这样缥缈的东西来窥探未来的日子。

午饭后，我与张峰碰面，他带我找到节目部主任郭耀华。也许是山东的教训让我印象深刻，也许是经过几番折腾，我已经知道谈判是多么困难的事。我开始胆怯和畏惧后面要发生的一切。

趋利避害，这是现实里很多人遵守的规则。有人做到极致，甚至伤害其他人，是生存所迫，还是生活必需，我至今也没有参透。如果一切都是按这个规则出牌。在我最困难的时候帮助我的这些人，他们所追求的又是什么？我只是一个被人背叛和唾弃的失败者。我们都没有预知未来的能力，我们都不知道下面会发生什么，而他们却义无反顾地帮助我。似乎现实逻辑学在这样的事实面前又是不通的。

社会的一切应该不只利益那么简单，还有朋友，还有亲人，还有爱、坚持和希望。这些都不是一个现实利益就能掩盖的。这个故事到此为止，我的人生不会因为这个故事而黯淡，因为我一直走着，不管怎样，我都要在我自己的路上不懈地坚持走下去。

我就是杂草，野火烧不尽的杂草。

第十章
下一个天亮

有诗人把人生比喻为一条漫无边际的路，一切的风景都在春夏秋冬的交替变化中重复变换。

一

　　曾经有个明星这么说过："我没办法让每个人都喜欢我，我只能尽力让喜欢我的人更喜欢我。"这话说的是心声，也是一个想得很明白的道理。我不能活在所有人的嘴上，我只求能让喜欢我的人真正支持我，其实这就够了。

　　我真正开始有这样的想法，是从湖北开始的。在湖北，我的人生如过山车般经历了一段大起大落，也教会我很多为人处世的道理。道理其实就是伤疤，自己疼过才会知道别人有多疼。等那些被现实割出的血淋淋的口子慢慢好起来，结了痂，自己终于可以看着伤疤去想之前走过来的路，自然就会明白这些道理。

如今八卦盛行，很多镁光灯下的人的过去被别人的文字、图片和嘴翻了出来，那是茶余饭后的消遣，却是当事人不可言述的辛酸。以下记述的湖北的经历，就是这样，我说着自己的辛酸，尽管有人会用八卦消遣的心态去听，我却希望自己有一笑而过的云淡风轻。

武汉卧在长江边上，地图上是跨了江的一块。把持着江水流动的灵韵，这个城市有着水汽蒙蒙的温润气候，可是饮食上却有麻辣入味。常说一方水土养一方人，这样的水土饮食之下也有着一群有情有义的好人。正是他们我才度过一个又一个看似无法逾越的坎儿。当然这些都是后话。

我坐在去往湖北卫视的车里，一切在我眼睛里都是陌生且未知的，而陌生与未知又是恐惧的根源。我拐弯抹角地说这些只是不好意思承认当时我的心里有多慌。

我在路上重新把自己的优劣势温习了一遍，包里厚厚的资料，一本本拿出来看，明道的、王绍伟的，这些都是我来湖北之前做的功课。因为杨杨的关系，我见到了乔杰立经纪公司的孙德荣总经理，后来成为我事业上至关重要的人——我的孙爸爸。《王子变青蛙》走红大陆，让乔杰立的明道在大陆的星途如日中天。我想如果能够请明道和5566成员王绍伟做一档综艺节目，效果应该不错。

我跟孙总说了我的想法，根本不知道当时安徽卫视也在积极邀请明道去做主持。孙总并没有因为我是一个小孩子就拒绝我的提议，他同意我的想法，并答应如果项目成功，可以优先考虑让明道跟我合作。

我就带着这样的承诺来到湖北，虽然我并不知道这样的条件对于一个省级卫视来说究竟算不算得上是一个有分量的砝码。

带着听天由命的心态，我终于到达了目的地——湖北电视台。张峰很快出现，看着他笑嘻嘻地走过来，我本来七上八下的心慢慢踏实下来。也许是之前的经历中，我已经久违这种真情实意的笑。见多了冷笑和嘲笑，突然有人热情地冲着自己笑，一时间还真有点儿不习惯。没有多余的寒暄，张峰直接带着我去见节目部郭耀华主任。事情到此，一切并没有我想的那么坎坷，对比在山东和陕西的遭遇，似乎有点儿过于容易。之前的一切已经让我很难相信现在一路顺畅的真实。

电视台大楼兜兜转转的路在短短的几分钟被绵延成了漫长的等待。我一直在心里温习自己可能要应对的问题，忐忑甚至开始想往后退，不去见郭总。

见到郭总的时候，我之前的忐忑都消失了。一个直率、说话很大声、总是笑着的东北人，这就是我对郭叔叔的第一印象。北方人特有的豪爽性格感染着我，交流也并没有我想象的那么艰难。这跟之前的经历似乎有些不一样。

我将公司的简介我的第一个节目《天使明星汇》的宣传册交给他。也许是我的身份和年龄之间的差距让郭总觉得好奇，他并没有急于否定我，而是耐心地听我说接下来的想法。没有策划案、没有样片，我只是靠着一个概念，坐在了湖北卫视节目部主任的对面，提出自己做节目的想法。

怀疑并不能熄灭我追逐梦想的勇气。当我不停说着自己的想法，解答对方一个又一个实质性问题的时候，一个完整的节目概念开始在我脑子里成型，而自信在这么一问一答中又重新回到我的心里。

郭总开始思考，作为电视台栏目部的领导者，可能对于年轻偶像他并不太熟悉。这让我慢慢紧张起来，这是我最后一搏了，如果赢了，也许我会重新站起来；如果失败了，也许我将永远无法站起来，因为我可能被彻底击败了！

愉快的交谈，让这个节目概念逐渐清晰，让湖北卫视节目部对这个节目十分有信心，到最后，除了节目制作价格以外，其他的所有细节基本妥当。

虽然也有人质疑我只是个未成年的小孩子，跟我合作还是需要考虑。但是郭总却看着我，笑着说："小孩子怎么了？就凭他坐在这里跟我谈的勇气和那股劲儿，这个案子不会错的。我就喜欢这孩子初生牛犊不怕虎的精神。"

这样一句话像一剂强心针让我连日来低潮的情绪为之一振，似乎已经很久没有人这么肯定我了。带着荣耀和迫切，我踏上了回京的路。我很清楚，这次回去不仅仅是为了这个即将上档的新节目，也是为了重新拿回被人抢走的舞台。我要为我的梦想而战。

二

其实人可以有很多选择，不一定非要坚持在某一个一直让自己跌倒的地方打转。可我还是"鬼打墙"一样再次回到之前的节目组，这次我并不是哀求他们，而是握着砝码跟他们谈判。

为了湖北卫视的节目，也为了新的平台，他们同意了我回到《天使明星汇》的舞台上。其实现在看，这件事是多么地讽刺。曾经他们冠冕堂皇地告诉我，为了节目把我换掉，如今却为了一个利益，竟然妥协到把我这个曾经他们认为"拖累"节目的人再次推回节目里。

我胸口那股抑郁在这个时候慢慢地排遣出来，我证明了自己的能力，没有被那些把我当成笑柄的人看轻。当我再次站回《天使明星汇》的舞台，当我再次拿起话筒，看着灯光暗处那些熟悉而又有些陌生的脸孔，恍如隔世。好像就是前天，我们还有说有笑，不分彼此，而昨天他们却突然抛弃了我，漠然地转过身冷眼旁观，今天我们又一次站到了一起，变成一个团队，继续工作。这样的过程残酷而现实，像一幕冷酷的电影，从美好到邪恶再从沸腾的邪恶归于平静。只是我不知道，平静的背后还藏着什么，耀眼的镁光灯背后还躲着谁的暗箭一枚，悄悄地瞄准我。

湖北卫视与公司的谈判一切顺利，并达成了"点成本"收购的协议。只要保证武汉地区基本收视，我们就可以拿到丰厚的制作费和奖金。而这样的利润回报相比《天使明星汇》，有过之而无不及。

如果说《天使明星汇》只是跌跌撞撞的第一步，与湖北卫视的谈判就是扎实的第二步。《综艺奇兵》成了我的第二档节目。虽然我用一个机会换到了另一个节目，可是之前的杯葛依然存在，相对于刚开始"蜜月期"时的酬劳，公司这次给我的不算很高。但我还是开心地接受，对我来说，梦想比钱更重要。

综艺三加一的组合从一开始就注定引人注目。明道、王绍伟两位高人气偶像，叶一茜这个话题女星，让《综艺奇兵》的新闻发布会引来各方关注。当以主持人和艺人的双重身份登上娱乐新闻的时候，我有些激动，只是短短的一个月，一个我对叶一茜随便说说的想法竟然变成了一个名声大噪的综艺节目。

发布会后，茜茜发信息给我：我怎么觉得像在做梦，速度也太快了吧？没错，不仅她觉得像在做梦，我也觉得是一场梦，一场突如其来的梦。我和茜茜在短信里不止一次感叹这一切来得太快。

每个星期六的黄金时段，我又站在了舞台上，但这一切是否能够代表成功？现实告诉我，我只是走出了一小步而已。面对三个人气偶像，我只是不起眼的陪衬。每每在节目开场时三位嘉宾都会得到热烈的欢呼和掌声，而到我，台下会突然安静。这样的安静对我来说是相当大的打击。在另外三个人的光环之下，我变成了隐形人，一种压力又隐隐出现。我能做的就是尽自己最大的能力发挥，让更多的人喜欢我这个主持人。

重新找回了舞台的我，每天过得都很开心。每次节目录制，四个人，两个从台北出发，两个从北京出发，在一个叫武汉的沿江城市碰头，默契十足地用力搞笑和表演。我们的努力也逐渐被大家认可。记得有一次在饭局上，郭总告诉大家，没有马小松，就没有这个节目。在这个讲关系、讲经验的现实社会里，能得到这样的认可对于我来说是莫大的鼓舞。有时候，人内心深处需要的往往就是一个肯定吧！

就在这样逐渐被认可、逐渐被肯定的上升状态下，一个人为的"意外"正在酝酿着，它就像海啸一样突然出现在我平静而又积极的生活中，打算在我猝不及防的时候，把我完全吞没。

三

似乎坏事都是发生在天气晴朗的时候，总监一个电话又把我的美好全部打碎。当然这次是同上一次一样的理由。"公司觉得你不太适合主持《综艺奇兵》，所以你先不要去湖北那边了，先安心主持《天使明星汇》，其他的公司会再做安排。"

之前的"安排"就是让我在家无止境地等待。他说完他要说的，我的脑子嗡的一声就炸开了。这突如其来的决定就像一个惊雷把一切震碎了。我再怎么求、再怎么说，对方的态度都一样，像堵结实的墙，没有一点儿反应。一而再地利用我，然后在达到目的后抛弃我。我觉得自己被现实高高抛起后，却没有任何保护措施地狠狠摔下。

我的一切就这么碎了一地，碎玻璃一样，在阳光底下明晃晃的一片。好看，但是踩上去就是血流成河。一次欺骗，我可以挺过来，再而三的欺骗，我不知道自己还能不能爬起来。我突然觉得自己筋疲力尽了，努力再次化为乌有之后，前路就变成了一条死胡同，不要说方向，连出路都再也找不到。

才录了三期节目，不到一个月的时间，同样的变故再次在我身上发生。如果说《天使明星汇》是我的第一个孩子，那么《综艺奇兵》就是我第二个孩子，两个孩子遭遇同样的状况，这样的意外彻底击垮了我。直到现在我也不明白这到底是为什么。

我拨通了郭总的电话，把公司的决定告诉他。郭总这个仗义的东北汉子在电话里告诉我："没有你，就没有这个节目，我不会让你走的。现在是试播期，你等我的消息。"我知道这样的承诺在现实面前的作用可能并不是决定性的，但至少还有人站在自己这一边。这样的感觉让我冰凉的心多少缓和了一点儿。

天气再怎么热，我的手都是凉的，心也是凉的。赤身裸体地站在北极荒野之上，等待自己似乎显而易见的结局。试播期里，制作公司还是有调整节目内容的权利，当然这个调整也包括我这个主持人。虽然郭总说我还是能回来，但从目前的状况看，我只能等待。刚刚才开完新闻发布会，刚刚才开始录播节目，我刚刚才豪言要打败《快乐大本营》，可就"出师未捷身先死"。

这样的结局我根本不能接受也没办法接受。现在不是一个解释、一个借口就能把我之前的一切努力完全抹杀的。我之前孤立无助，独自杀出一条血路，却眼看着自己的一切被别人据为己有。我必须要问个清楚。

我冲到公司，面对那群擅自决定我生死的一群人。我问他们，为什么要这么做。公司里所有的人面对已经歇斯底里的孩子，都是用轻描淡写的态度，描绘着一切。所有的事在他们的嘴里，都是那么的无足轻重。他们"大义凛然"地说着公司的规划，我的义务。似乎公司的一切就是宗旨，为了公司，我必须要牺牲一切，包括梦想。这时候我才发现，面对这些在现实生态区里摸爬滚打多年的成年人，面对这些十八般武艺耍得天旋地转的成年人，我就是一个笑话，一个他们利用以后就能扔到一边，时不时拿出来当谈资的笑话。

我当时能做的只是告诉他们，我不做了。不让我上，那就全部都不上。我的一切都交出去了，唯独能再赌一把的就是拿《天使明星汇》的主持位置再做最后一次垂死挣扎。

总监安抚我：不要冲动，公司没有这个意思，现在是过渡期，还是要先把手里的节目做好。其实这样的话只是安抚，仅仅是安抚而已。他需要的就是让我冲动地说出一切。我被他再次利用，仅仅就在第二天，我接到通知，《天使明星汇》也不用我主持了。

大闹公司，成了我最后一次的演出。我就跟寡不敌众的孙悟空一样，最后还是在礼仪道德包装的宏大佛法面前败下阵来。只不过压着猴子的是山，压着我的是无钱、无工作的窘况现实。孙猴子被压着，每天还被定时喂铜汁铁胆，可我却变成了没有工作的无业人员，等待一个渺无希望的希望。

新闻发布会刚刚结束，节目刚刚上档，就出如此的变故，公司似乎也害怕我会对湖北卫视方面说什么，毕竟一切的一切都是我的努力换来的。于是公司开始用和蔼的口气、强硬的态度告诉我一件事——不要向湖北卫视方面说公司的坏话。

"坏话"？我这个受害者在他们的眼里说的是"坏话"，做的是"坏事"，天理难道就是如此吗？我也不止一次地询问他们，我到底做错了什么。答案却是节目组对我的印象都不好。总监甚至还冲着我说了一句：你不要吃谁、喝谁、睡谁，还糟蹋着谁！原来我在他们眼里只是这样而已。

记得离开公司回家的那天夜里，北京城下着大雨，车里放着陈奕迅的《好久不见》。我打开车窗，雨水顺着窗户流进车内，我的眼泪也随之流了下来，那一晚我是那样的无力。

那段时间我开始不接电话，爸妈也不敢打电话给我，他们很怕我做出傻事。那段时间的我已经被所谓的梦想逼疯了。对于父母而言，他们需要的不是名、不是利，而是自己的孩子能够幸福快乐！记得每年过年的时候，我和爸妈聊天，每每聊到我在北京的打拼，妈妈都会流泪，因为她不希望自己的儿子那么辛苦，她宁愿我留在她的身边做一个普通人。

四

爱我的松子们得知我离开《综艺奇兵》后，纷纷留言支持，还为我制作了视频，让我感到一阵暖意。直到现在我还是觉得这样的支持是如此温暖而美好。我告诉自己不应该放弃。可是不放弃的我，现在又能做些什么呢？离开主持的我还能做什么？

类似"工于心计""心眼坏"的评语被强加于我——一个十几岁孩子的身上。谢谢他们，真是高看了我。请问，一个十几岁的孩子能够"工于心计"到什么程度？我为了自己的梦想而努力，冒险做了一次又一次常人觉得疯狂的选择，我奔波四处，用自己的努力证明一切，最后换来的却是这样的评语。

是现实看坏了我，还是我看坏了现实。当我与公司里的一些人相互指责计较的时候，觉得自己突然站在了无力的边缘。周老师与我的关系也被质疑。当时的我觉得周老师应该站在我这一方支持我，在一而再的"换人风波"里他应该为我"站台"。而周老师听着周围的言论，同样觉得我是个执拗、难相处的合作对象。

一时之间，所有曾经美好的关系在瞬间变得面目全非，而所有牵扯其中的人都已经回不去了。人跟人之间的关系就是这么微妙，美好的时候，你只能看到对方的闪光之处，而习惯之后，只剩缺点可以挑剔。

尽管于此之后，我与周老师的关系已处于疏远的状态，但是我的心里还是要感谢这个待我如子的老师。如果不是他的支持，就不会有我北漂的经历，没有他，就不会有《天使明星汇》；没有他，也许就没有现在能够在电脑前一字一句敲出这些字句感谢所有人的我。

从一个主持人变成一个无业游民我只用了一个晚上。突遭换角是所有人始料未及的。当然"受害者"不只我一个，还有我的患难之交——叶一茜。这是整件事情中最悲剧的部分，节目最先到的就是我和茜茜，而最先离开的也是我俩。

三期节目以后，我跟叶一茜一起消失在那个舞台上，像足了滥情的电视剧。第四期节目录制的时候，我还是像之前一样，按时到达武汉，来到录制现场。甚至一度妄想，看到郭总，他会告诉我：马小松，主持人还是你，你还可以站在那个舞台上。可是这些都只是幻想，我只能坐在角落里，看着舞台上、光芒下，物是人非的主持群以及依旧尖叫微笑的粉丝们。

是的，现在场内的一切都跟我无关，我被玻璃罩子隔在了另一个世界里，只能默默地看着，发不出任何声音。我没办法告诉任何人，这个节目、这个舞台，是我努力得来的，它曾经与我那么密切相关。现在，我只是一个旁观者，它再也不属于我了。

我开始恨，恨那些一次次抢走我梦想的人、一次次为了利益欺骗我的人。可是这些恨被扔进前途渺茫的生活里，我似乎又恨不起来，眼眶里的泪又不争气地落下来，把现场和周围所有的一切泡在里面。光影扭曲成怪物，张牙舞爪地向我扑过来。我的恨在现场的欢笑和忙碌的工作人员那里变得缥缈而无处发力。我恨谁？能恨谁？谁是罪魁祸首？这些问题似乎并没有确切的答案。这就是一个集体阴谋，每个参与其中的人都有过错，可都只是那么点错。难道我没错吗？我承认我不成熟、任性、执拗，可这些不足以让别人夺走我的梦想。一个人有错，但不能连他的梦都要被判一个死刑。只是，一旦发难，谁又能考虑这些？我只能一个人默默地忍受着这一切的一切。我再次找到湖北卫视的领导，希望通过他们，为自己最后一次争取上台的机会。可是得到的答案不是无能为力就是再等等看。

等等看的意思就是无期徒刑，遥遥无期的意思。最后一线希望也彻底断了。

五

回到北京，我能做的就是躲在家里哪儿也不去。能去哪儿？偌大的北京城，在无业的北漂眼里几乎寸步难行。没有工作，没有经济来源。现实的状况，几乎是死路。

酒肉朋友们一个个人间蒸发，不能怪他们，谁愿意跟一个落魄的被公司冷冻的家伙做朋友。我能做的就是面对着家里那堵红色的墙，发呆，哭，睡觉，不吃不喝，停止思考。似乎这样，自己才能觉得好受一点。缓过神，就会想到过去的一切，想到那些曾经属于自己、现在离自己越来越远的节目。

再次听陈奕迅的歌——《好久不见》，不是不见，是没办法再见。他唱的是尴尬，我听的却是被推开的疼痛。关了电话，不想跟任何人说话。一个人失魂落魄地待着，抱着过去仅有的那些回忆过每一天。只是那些关于快乐的记忆越来越冷、越来越冰，奄奄一息地死在我的怀里。

说句玩笑话，其实失业比失恋痛苦。

沉默十几天后，最担心我的人还是家人。也许就是在找

不到我的这十几天里，家人彻底崩溃了。现在想一想，真是对不起他们，让他们操心了。爸拨通我的电话的时候，长舒了一口气，十几天的提心吊胆，终于可以放下心来。他劝我，咱还是回来上学吧，这电视咱不做了还不成吗？周老师怎么说也对你不错，千万不要为这个跟他闹翻。我当时听到这话，又一次把持不住地哭起来。但不是委屈、不是难过，是不甘心，是我努力了过后，却只能看着别人喜笑颜开地享受成果，自己却独自面对失败的烂摊子的不甘心。

我只跟爸说了一句：再让我等等看。当我这句话出口的时候，连我自己都觉得一切只能这样了。等等看？我一没有关系，二没有钱，除了等着别人松口，给我一条生路以外，别无他法。可是等又是多么难熬的事情，等什么结果，等什么未来，这一切对于当时的我根本都是空谈。没有希望、没有生计，绝望的情绪开始慢慢从心底里生长出来。人就是这样，一旦绝望了，就开始破罐子破摔，我开始无所谓前途、无所谓以后地瞎混日子，一切企图心在绝望里磨耗得片甲不剩。

那时候我身无分文，也没有脸去问父母要钱，只好拿起手机，发短信给茜茜，问她借了4000块钱。我根本没有想到，茜茜愿意借钱给我，因为我毕竟已经不再是以前和她一起主持节目的马小松，而是一个落魄的小孩。这4000块钱帮我度过了那艰难的一个月，也正是因此，她成了我生命中很重要的人。

《综艺奇兵》的试播期终于过去了。我也迎来这一年第一个喜事——叶一茜要结婚了。也许是难过的事堆了太多，我强迫自己不去想节目的事，以至都忘了《综艺奇兵》和郭总的承诺。

看着叶一茜披上婚纱和心爱的人站在所有人的面前接受祝福的时候，我觉得人情有时候也挺温暖和幸福的。热闹的婚礼结束，我沾了喜气，希望自己的日子可以有点起色。这时候公司又给我电话了。虽然口气不是那么情愿消息却是好的。湖北台希望我回归《综艺奇兵》进行主持。虽然我也很开心，但是经历过之前的一切，我对电话里的那个声音还是保持着戒备。

"回去主持可以，但必须我和叶一茜一起回去。"

其实我没有理由开出条件，毕竟能让我回去主持，对于公司来说已经是很大的让步了。可我还是提出了条件，我不想那么现实，毕竟叶一茜跟我是患难与共的至交。我不可以这么丢下她。《综艺奇兵》毕竟见证着我们的友情！

公司最后同意了我的要求，可当我告诉叶一茜这个好消息的时候，她却委婉地拒绝了我。她结婚，嫁为人妻，她要有她自己的生活，事业在她的生活里的比重已经不像之前那么重要了。虽然她没有能跟我一起回到湖北卫视，但是看着阳光底下她幸福的微笑，我完全支持她。

郭总实现他的承诺，力主我回归主持群，这对公司里的一些人来说是天大的坏消息。他们虽然答应让我回去主持，但是作为制作方，他们将我的酬劳又削减了一半，而且来回的交通从飞机也改成了火车。他们只是想告诉我，虽然我能够回到舞台上，但他们依旧讨厌我。可是我不在乎，因为我又回到了属于我的舞台上。可这次已经远没有之前回归的兴奋和激动，也许是经历过太多之后，自己已经学会收敛、克制。知道得来一切的不容易，才能真正地在这个舞台上站稳。

就这样，我在很短的时间内遭受了两次重大的打击；就这样，我回到了《综艺奇兵》；就这样，我继续着我的梦想。

第十一章
心的征途

有诗人把人生比喻成以为一条漫无边际的路，
一切风景都在春夏秋冬的更迭中重复变换。

一

重复的部分让人恍如隔世，却又有着似曾相识的感动和
伤痛，变化的部分又是细小而微妙，总让我在回首来路的时
候发现自己的转变和日益成熟。

湖北卫视，一波三折的经历已经让我懂得了珍惜得来不
易的机会。舞台上的表演依旧疯狂，但对于未来，我有了谨
慎的心态。因为之前的经历一直重复提醒我，很多美好背后
的暗潮汹涌我无法防备的。这是现实，这是每一个开始懂得
世态炎凉的成年人都会冷漠对待的现实。它不是善良、单纯

所能够抗拒的残酷。

没过多久，团队里又开始出现质疑我的声音，那是一拨又一拨的攻击。人就是这么奇怪的动物，若爱，就是十分喜爱；若讨厌，无论怎样，他就是讨厌，没有理由地讨厌、没有理由地驱逐、没有理由地毁灭。

从《天使明星汇》的波折，到《综艺奇兵》的突然，短短不到一年的时间里，我已经无数次地经历苦痛的折磨，面对扑面而来的那些伤害，我已经可以坦然面对，但我毕竟不是百毒不侵的金刚。观众的反馈成为他们的口实，稚嫩、不成熟，代表着不专业。我在他们眼里似乎永远都没办法成为一名优秀专业的主持人，他们甚至到一直支持我的郭总那里说我的不是。一时间，我的主持梦又岌岌可危。

那是类似站在悬崖边的感觉，随时都会一头栽下去，栽进永远都爬不上来的绝望里。早在我主持《天使明星汇》的时候，就尝过这样的滋味。糟糕的感觉，一再地重复出现，让我有了新的念头，与其被动挨打，不如重新出发，打造一档真正意义上属于我自己的节目，也许只有这样，我才能够有更多的主动权保护自己。

又一档全新的综艺节目的构想开始在我脑子里出现了最基础的框架，也就在这时候，我想起了现在跟我一同战斗的战友，我的好姐姐——邬艳妮。其实认识她已经很长时间，我主持《综艺奇兵》时候，就在好朋友海鸣威的介绍之下认识了，但并没有深交。

　　一个偶然的机会，跟她聊到了我这个全新的综艺节目。面对扑面而来的明星综艺游戏节目的轰炸，返璞归真做一档纯粹的音乐歌友会，成了我们俩的共识。纯粹的音乐加上大牌歌手，这样的组合让我们俩都充满了信心。而节目的名号，我取得十分响亮——《SUPER STAR》。这一切似乎顺理成章地走到这一步，如同我顺理成章地再一次被《综艺奇兵》踢出局一样。

　　一切就像冥冥中自有定数，到了那个节点，就必须转弯走进下一幕的演出，分毫不差。也许是我早预料到会有这样的结果，所以这一次，我并没有之前被换下时的失落和难过，反而是长舒一口气的平静。无谓的人事纷争，莫名其妙的利益争斗，似乎跟我当初怀揣主持梦踏上南下火车时南辕北辙。

　　回想自己曾经为之努力奋斗过的那些节目，那些自己争取到的机会，现在看起来，却像看着一幅事不关己的画。没有感动、没有感慨，只是轻描淡写，看过就好。我也需要转个弯，绕过这条纠结很久的路，重新开始一段新的征途。

二

我同邬艳妮两个人再次来到湖北卫视郭总的办公室，这次我的身份是节目的策划兼制作人，而邬艳妮则是出品人。

返璞归真的节目初衷以及现场感极强的节目形式让郭总很是感兴趣。但是经过之前的种种合作，已经对于节目制作了然于胸的湖北卫视，也开始对节目的制作有了新的认识。我知道不可能再一次重现《综艺奇兵》的奇迹，拿到数目可观的制作费。郭总没有表明态度之前，我除了等待以外能做的就是进一步完善节目策划，同时找到一个好的节目制作团队来支持和实现我的这个构想。

林春瑜，瑜哥，台湾节目制作人，有着多年大型演唱会操作经验。他给我这个节目提了很多意见。而《SUPER STAR》也正式更名为《音乐集结号》。以音乐之名，集结乐坛精英成为我们节目的初衷。瑜哥不仅为节目定位提供了宝贵的意见，而且还设计了整个节目的舞美和布景。虽然最后因为费用的问题，我们并没有合作，但是他还是无偿地将这些设计拿给我们使用。这对当时处于经费紧张状态的我们来

232

说，无疑是最大的支持。

时间慢慢地流逝，郭总对我们节目的热情和兴趣也在一点点地消失。那些不负责任的流言蜚语也让我们和湖北卫视之间的谈判变得异常艰难。

少得不能再少的制作费，异常艰难的播出平台的谈判，让我再一次陷入了艰难的境地。就在这个时候，邬艳妮还是做出了一个大胆甚至是疯狂的决定，她决定投资这档电视节目。这对我来说是一个好消息，同时也让我肩膀上的压力陡然增加，毕竟我现在肩负的是好几百万的投资和一个人全部的信任。

我知道，有很多人并不看好我以及这档电视节目。他们告诫邬艳妮不要被我这个毛头小子忽悠，这毕竟是真金白银的事，我也劝郭总好好考虑。可是她就是笑笑，不说话地支持着我。那时候大家还开玩笑说老邬又被我忽悠了，如果钱多的话可以拿到外面去烧。这些所谓的"玩笑"，对我来说是最大的打击同时也是最大的动力，还是那句话：我是棵杂草！

老邬眼神中的亲切和信任，让我觉得温暖。也许就是在这样的眼神以及信任的微笑里，我慢慢变得坚强、变得刀枪不入。我告诉自己，不能退缩、不能倒下、不能辜负这些人的希望和寄托。

我们拿出了详细的节目策划案并向湖北卫视提案。前期的精心准备以及详细的舞美制作方案顺利通过了湖北卫视的考核。就在这个时候，湖北卫视方面提出了一个要求，他们要求每一期的嘉宾都要在一定水准之上。这又让我陷入了困境，之前的节目中，明星的邀请和通告并不需要我们具体负责，我只要做好一个主持人分内的工作就好，而现在我却将明星通告的部分承担下来，而且还要符合电视台的标准。

　　一个全新的节目，会有多少明星愿意捧场，这是一个根本没法预测的问题。而我们还在这个难度上，不知深浅地加码，要求湖北卫视给我们广告时段，我们自负盈亏。现在回头看来，真不知道当时是哪里借的胆子。也正因为这样，很多人劝邬艳妮放弃这个危险的游戏。"电视节目根本就是烧钱，你有多少钱能经得起折腾？""你千万别被马小松那小子骗了！"

　　总之，签约前的那段时间，我和老邬一直就生活在这样的信任危机和考验之中。很庆幸，我们扛了过来，也感谢那些给我们设置重重关卡的人们，正是你们的这些关卡让我们建立了牢不可破的友谊，也让我们一起咬着牙渡过一道又一道的难关。

三

　　我、邬艳妮、闵姐等在湖北卫视办公楼里，我们要面对最后一个关卡——郭总。只要他同意签字，节目的最大的难题就算解决了。

　　他并没有在办公室里，我们三个在他的办公室外等候，一开始的热情和冲劲在漫长的等待里慢慢消耗殆尽，不安在心里开始作祟。我们开始怀疑，怀疑那个我们曾经十分笃定的结果，甚至开始觉得郭总是故意闭门不见。

　　难道我们之前的一切努力就这样付之东流？不敢想，也不能想，我努力克制自己不要往很坏的方面想。

　　一个小时、两个小时……我们从意气风发地站着到蹲在走廊里，最后甚至不顾形象地坐在郭总办公室外。

　　这样的等待，我在广州经历过，在北京经历过，来湖北一样经历过。广州，我等了整整两天，等到了一次面对台长的机会，成就了《天使明星汇》。在北京，我等待了整整半年，等来了再次回到舞台的机会。在湖北，我等到了《综艺奇兵》。而今天的等待，我又能等到什么？

等待是一件很好玩又很折磨人的事，等待使人焦灼，让人既憧憬又害怕。一切的一切要在等待的最后一刻揭晓。经历过漫长的等待之后，成让人狂喜，败让人失望，像玩过山车，在人生的波峰浪谷之间忽上忽下。虽然好玩，但许多人只玩一次，就拒绝玩第二次。折磨，它每次都会让我的痛苦刻骨铭心。

三个小时之后，郭总回来，看到被等待折磨得不成人形的我们，似乎也被我们的坚持所感动。不论之前他曾听过多少流言，多少蜚语，至少他面前的我们，是一群想做好节目并努力做好节目的电视人。

他爽快地跟我们签约——每个星期六晚上21:05。

四

武汉，沿江城市。从高处看，它就像一块浮木浮在江里漂漂荡荡。热的时候，它被水汽笼罩着看不清楚面目；冷的时候，它又孤零零地立在明晃晃的水边。

我对武汉，有说不清道不明的情愫。

第一次来到这里，早晨六点。坐在出租车里，恍恍惚惚地看着窗外不断变化的街景，每一格的跳跃都与我无关，我只是个前途未卜的过客。如今，我这个陕西孩子在这个江边的城市里来往穿梭，俨然一个在这生活多年的本地人。喝着长江水，呼吸着这个城市略带湿润的空气。

这个城市给过我希望，也见过我失落，看着我重新爬起，也看着我一步步向着新的目标靠近，这是宿命里割舍不掉的缘分。

长沙，是我梦的开始，那座城市的热情，那里电视人的梦想，都努力鼓舞着一个孩子勇敢地向梦的方向不断冲刺。哪怕是跌倒、哪怕是彷徨、哪怕我面对这样那样的非难和伤害却依然坚持的最初动力就来源于此。

陕西汉中——略阳，我的家乡。我第一次舞台之旅，第一次证明自己可以站在这个舞台上。那些淳朴的脸、那些憨直的笑、那些质朴的感动，以及对待一个孩子的宽容和袒护，让我在这青山绿水之间慢慢张开自己的翅膀，小心翼翼地试飞。

北京、广州，他们是我真正意义上主持生涯开始的地方。它们给过我别人难以企及的高度和机遇，也给了我别人难以想象的伤害和教训。城市大得不着边际，在白日的喧闹或是夜晚灯光缀成的夜海之中，一个人穿行在城市里，会觉得孤立无援。可还是有很多同我一样的人在不停地努力、不停地向前爬行，为的都是内心里的那个梦。

也许我们这些"北漂""南漂"，这些被称为"蚁族"的人愿意留在大城市里厮杀，愿意在深夜之中暗自舔舐伤口，只是为了那个所谓的梦想。

值得不值得？

这个问题，我也曾经问过我自己许多遍，不过坚持后给我的答案都还是一样的。

值得。

五

签约后的第二天晚上，我尽量控制兴奋的心情，让自己早早休息。邬姐给了我一条短信：马小松，这一次我把所有的钱都放在节目里了，如果失败，我就什么都没了，我这么多年的努力也就全都白费了，所以，我们要加油！

那一夜，我又哭了，感谢她的信任。这种信任，是我一直在寻找的。在我眼里，一直都气定神闲的邬姐，原来也背负着那么大的压力。而这些压力的来源不仅仅是这个节目，也是对我们自己的不自信，这让我慌张起来。虽然我口口声声地说自己对节目很熟悉，但毕竟之前自己所从事的一直都是主持，其他部门虽有涉猎，但并不精通。面对交错繁杂的大小事务，我本来就已经无比心虚，邬姐这条短信更是把我掀到了谷底。一夜辗转，我竟然睡意全无。

窗外的武汉，灯光将城市延伸到暗处，星星点点。我看着它们出现，再看着它们被沉沉的夜色吞没，直到天边现出一丝淡蓝的天色。我又一次失眠了。

节目筹备期总是千头万绪。场景搭建，舞美设计，环节流程，主持人的调配，整个录制组的构建。每一个环节都在我跟邬姐的争论之下艰难完成。

因为梦想，我选择继续前进。我也不知道未来会发生什么，可梦想就是我前进的催化剂，让我一直坚持下去。为了《音乐集结号》，我们不知道受了多少委屈，流了多少眼泪，而今天，回过头去看，这一切都是值得的！

节目制作过程中，我和邬姐不知道争论过多少次。我希望达到既定效果，邬姐却要控制成本，这本来就是没办法调和的矛盾。我的眼泪攻势和邬姐的高压阵势每每在空中交错，电光石火般让周围的人都看得胆战心惊。还好最后各退一步的妥协结果也还都能让我们这两个"死对头"暂时满意，于是又可以"化敌为友"。

这样的日子过得很快。

就在我们正式进棚之前，发生了让我们意想不到的天灾——汶川特大地震。

　　这一震，震碎了所有人的心，也把我们的计划震得七零八落。所有的人都把心揪到一处，关注着震区的一举一动，所有的机构和单位也都投入到了抗震救灾之中，而我们，也放下了所有的计划。每个工作人员，包括我，已经没有心思去管节目的事。

　　可是日子还要过下去，节目也需要走下去，我们遇到了震出来的新问题。

六

地震过后，很多歌手都对自己的行程做了调整，赈灾义演以及加入灾区重建成为他们的首选，而我们又是一个没有上星且制作样片的新节目，根本无人问津。湖北卫视正期待着我们能够带来可观的收视和耀眼的明星，我们却面临着"无米下锅"的窘境。

就在这个尴尬境地中，我收获了入行以来最好的朋友——付辛博。也许这就是缘分吧！BOBO组合成了第一个答应上我们节目的国内当红组合。接着何润东、阿杜、马天宇，他们的纷纷到场让节目的前四期有了着落。正是因为得到了他们的信任，我们的节目才能够顺利完成。

就在这样的峰回路转之下，《音乐集结号》开始了它一路顺风顺水的旅程计划。

1. 2008年7月16日，举办SJ-M出道百日纪念歌会。

2. 2008年7月18日，《音乐集结号》首播。

3. 为照顾更多的学生观众，节目组决定节目改为7月19日晚首播。

　　于是，蔡依林、罗志祥、SJ-M等大牌歌手和组合开始出现在我们的节目里，甚至很多发片期没有到的歌手也会提前来报到。

　　我们一路跌跌撞撞走到今天。写到这里，我脑海里一直浮现出当年做《音乐集结号》时的点点滴滴。

　　夏日的武汉，烈日当头，我无法计算我和邬姐跑了多少家广告公司，吃了多少闭门羹，跑了多少酒店，打了多少通电话，只是为了可以省一些住宿费。而这些，仅仅是皮毛而已。

　　在《音乐集结号》里面，有欣喜、有难过，也依然有我不愿意看到的争斗和伤害，而这就是现实。

　　我无法在这本书里记录《音乐集结号》的点滴，因为太多太多的故事让我无从下手。真心感谢每一个为了《音乐集结号》奋斗的朋友。我们经历了太多的事情，泪水和汗水已经不知流了多少，这些都将成为我们人生最美好的时刻。

　　这些平白的文字记录下来的，就是我从一个孩子到半熟男人的经历。当然，路漫漫其修远兮。未来的时间里，无论遇到什么，我都会勇往直前，因为我从来没有放弃梦想，没有在风雨中放弃我追逐梦想的权利。

　　镁光灯、绚烂的舞台、耀眼的明星，以及歌迷的尖叫，这都是我生活里值得享受的部分，我希望每个同我一样怀抱梦想的孩子，能够从这些文字中找到追寻自己人生方向的启示。

　　谢谢那些帮助过我的人，也谢谢那些伤害过我的人，是你们陪伴着我成长，陪我走上新的征途。

　　朋友们，我明白实现梦想的路途中会有很多的困难、很多的坎坷，我也和你们一同经历着。当你初中毕业即将走向高中的时候；当你高中毕业即将走向大学的时候；当你大学毕业即将走向社会的时候，那种心态的转变我懂，因为我和你们一样彷徨过。有爱就有希望，有梦想就不会输，让我们一起加油！

　　我的故事还在上演，它并没有结束，明天的明天，你们还记得我吗？让我们一起长大……

好友眼中的马小松

不负如来不负卿

/ 胡歌

总共见过马小松五次。

最近一次是2010年3月，在云南昆明。他邀请我参加《音乐集结号》，呼吁社会关注云南旱情。整台节目，从策划筹备到邀请明星，再到主持串场，都是他来负责。

休息的时候，他找我聊天，为我的终身大事操心，说一定要给我介绍女朋友。

这一年，我28岁，他21岁。

第四次是在北京，比最近一次早两个月，他让司机开着新买的车来接我吃消夜，他告诉我，那是公司的车，公司是他和朋友开的。

21岁，他拥有了自己的公司，七年前的我，刚和经纪公司签约。

第三次见面在上海，2008年12月。那时我刚拍完《仙剑奇侠传Ⅲ》，租了新房忙着添置家具。他途经上海，说要来帮忙，下了飞机直奔宜家，感动得我手忙脚乱，结果将咬牙斥巨资购买的两个豪华垃圾桶忘在商场某处。

这其间，他与我分享了不少家装经验。我回忆像他那么大的时候，还在为宿舍卫生不合格犯愁。

第二次是在横店，比第三次早一个月。他携一美女在上海看完SUPER JOUNIOR演唱会，顺道来剧组探班。唯独这次对他印象不深，记忆模糊——我的注意力主要集中在女眷身上……

初识是在2008年的六七月间，我发片宣传，公司安排我参加《音乐集结号》。一出机场大厅，见一帅气的小屁孩儿笑脸相迎，以为是还没毕业的实习生。不料，他上车坐在了驾驶位，我不禁暗自为他惋惜，做司机可惜了……

我所认识的马小松，全在这本倒叙的流水账里。之所以要倒叙，是因为我一直很想知道，如果可以重新选择，他还会不会以全国最年轻的制片人为荣，他会不会羡慕同龄人所经历而他却不曾拥有的快乐。早熟的马小松，令人刮目相看，但他为此牺牲和付出的，却只能用来证明每个人的成功绝不是偶然。我一直觉得，人这一生，在每个不同的阶段都应该有不同的经历，做不同的事，这样的人生才是完整的。小时候，当妈妈用那些神童获得的成绩来要求我的时候，我从来都不当回事，除了我有自知之明，我更舍不得我的游戏机、我的漫画书和我的玩伴们。

　　现在的马小松，很成功、很出色，但作为一个虚长几岁的哥哥，我很希望他能够偶尔卸下身上的重担，回到同龄人的队伍里。若干年后，他也能得意地说，我曾经真正地疯过、傻过、错过、伤过、爱过……

输得起，才会赢

/ 付辛博

这个世界里上，够胆并且毫无罪恶感地让我做我不擅长的事情的人，我没碰上过几个……

马小松，就是其中一个。

在我根本弄不明白在这里称呼和述说马小松，应该用"你"还是"他"的状况下，就开始硬着头皮写"我心目中的马小松"这篇命题作文，最大也是唯一的理由就是——我认这个朋友……

同是陕西人，同是双鱼座，年纪相仿，都是这个五光十色却也复杂的圈子里毫无背景的"小人物"……我和马小松，在某个时刻相遇，然后，一起在这条终点未明的道路上跌跌撞撞地前行。只是，当越来越多的人开始恭敬地称马小松为"马总"的时候，我开始不自觉地在心里嘀咕：小子，人家奉承你，你还真答应啊……

事实上，在我眼里，永远是弟弟般存在的马小松真的已经是一个名副其实的"马总"了。办新公司、开新节目、任制片人，又当主持……在20岁的时候，他就实现了很多人可能到30岁都没办法实现的梦想。是幸运，可光是幸运却远远不够。

你很了不起，身为朋友、身为哥哥，我为你骄傲。

这样肉麻却是真心的话，我也只在这里说一次。哈哈！多说那小子要飘起来的……

第一次和马小松见面，是在华谊的办公室。他是为了一档抗震救灾的慈善义演特地上门拜访并且邀请。工作人员向我们介绍彼此的时候，我自然地、真诚地开口：马小松哥，你好。

好吧，我想我也只是犯了一个平常人都会犯的错误而已，谁叫你这么"少年老成"。

在马小松身上，我最佩服也是最搞不明白的一点就是，为什么他的精力会这么旺盛！工作的时候，无论是和艺人还是和工作人员，他都有聊不完的话题。工作结束，他最爱呼朋唤友地吃饭、K歌，他仍旧是个不知疲倦的主持人。回到家，MSN、QQ一起用，稍微回话慢点儿，他还要说你甩大牌。不时还会在半夜接到他的电话，语气里一点儿听不出倦意，兴奋地说教、聊天甚至诉苦……

刚认识那会儿，说真的，对于他的热情和自来熟，我有点儿招架不住。总觉得，这样的人怎么可能与人交心，他活得不累吗？

他活得真的有点儿累。

双鱼座敏感、多愁、纠结，有时在他身上，我看到了自己。

马小松总是竭尽全力地希望和所有人成为朋友，用自己的真心去换别人的真心，而到头来，结果却是让这个看似成熟，其实想法过于简单的人很——受——伤。

他常常会在不开心的时候给我打电话，噼里啪啦地说一通，几乎不给我插话的机会，因此我有段时间一直心存疑问，他到底是把我当"心灵热线"还是"垃圾桶"呢？而最常出现的结果是，他发泄完了，累了，挂了电话去睡了，却轮到我想不明白了……

呵呵，好吧，用我的开心换你的不开心，这就是朋友的价值啊，当然，也有时候，这纠结的角色是会互换的。哈哈，彼此折磨才能增进感情嘛！

要感谢马小松的事情其实不少。

　　比如他慷慨地将他"老婆"借给我开，比如他是我随叫随到的饭友、球友、牌友、电玩友……

　　因为他，我认识了很多人，也因为他，我开始变得不那么宅。

　　我透过他来反思自己。

　　更热情些、更开朗些、更直白些。

　　我们都在迅速长大，我们的世界也将越来越广阔。

　　以前，我总觉得现在的我们做什么都不能输，所以，我总是很谨慎地向着我心里的目标前进着。慢慢地，遗落了很多美好的风景，即使有了些许成就感，也是伴随着煎熬和不安。可在日本，看着你努力地在我们这一群你都要叫哥哥姐姐的人里扮演着"主人"的角色，打打闹闹，开怀大笑……我觉得这样的你，真的厉害。

　　至于，你是否真的快乐，只有你自己知道。

　　只是，想告诉你，弟弟，有一点你要相信，我们都是爱你的……所以，大跨步地前进吧，拾起简单的小幸福，做最真实的自己。

　　最后一件事想征求你的意见，我能把这篇文章当作今年给你的生日礼物吗？你可是什么都不缺的马总，你的礼物我真是想爆脑袋了！就这么着了，成交！

　　最后的最后，要不我替你求个爱？咳——

　　"姓名：马小松，性别：男，年龄：21岁，事业颇有成绩，待人坦诚，是不可多得的热血青年，他的爱情宣言是：
轰轰烈烈地爱一场吧！"

弟弟，加油！

记住，我们都是回不去的小孩，可输得起，才会赢。

别怕，有我在。

关于这个天真善良的小孩

/ 叶一茜

　　马小松有着与自己的年龄极不相符的超强沟通能力。只要是他想做的事，他就一定会想办法做到；他想认识的人，他也一定能通过各种渠道认识，并且十之八九都能和他成为好朋友。许多第一次见到马小松的人都会怀疑他的工作能力，但是过不了多久，那些怀疑他的人在与他共事之后都会对他发出赞叹，并都会与之保持长期的合作。马小松是个单纯的孩子，与人交往时从不抱太多的目的性，只是希望在做节目的过程中结交更多的好朋友。他总是以最真诚的态度去面对每一个人。从我们合作主持节目以来，每录一期节目，只要是遇见他觉得很投缘的嘉宾，他都会在节目结束后继续和他们保持联系，并且过不了多久，便"神不知鬼不觉"地和他们成了好朋友！看在我眼里的，是他为朋友付出时的义不容辞，向朋友袒露内心时的毫无隐瞒，这大概就是他超有人缘的原因吧！当然，他也有被人利用、欺骗而受伤的时候，但是这些丝毫没能改变他善良、天真的本性。

那一次，我们一起去印尼民丹岛，那是他第一次出国。他兴奋得几乎在出发之前通知了所有的人——他要出国了，而且是第一次出国！一路上，他像个小朋友一样，天真、好奇地左顾右盼着，并用相机记录下每一处他觉得新奇的事物。刚到酒店的时候，前台要求我们必须交押金，马小松非常爽快阔气地甩出了自己的信用卡，说："刷我的——"交出卡后，他立即转头轻声对我说："要刷多少？万一不够怎么办？"很快地，他就收到了银行的短信通知，说他消费了五百多万……当时他的脸都绿了，以为自己从此就要走上漫漫的还债之路了。我们都以为是银行弄错了，后来一问才知道，人民币和印尼盾的兑换率是1:1723，其实他只刷了人民币两千多元而已。他激动地在酒店大堂高喊："我要把这短信留给北京的朋友看，告诉他们我是千万富翁！"当时，我们用余光迅速地扫了一眼四周，发现酒店里所有人都在看着我们——当时真想离他远远的，装作不认识他。这就是马小松的可爱天真！这可和那个工作时要求严谨认真，甚至有些严肃的马小松截然相反两个模样。

和马小松认识到现在已经有十多年了，这些年他带给我很多很多。和他在一起，有欢笑、有泪水、有鼓励，甚至有些依赖，这友情，更像亲情。在他身上，我看到了现在的年轻人在追寻梦想的道路上，少有的拼搏和坚持不懈的可贵精神。他真的很值得我们去学习。我是看着他一步一步从最初走向今天的成功的，现在，他在事业上已经得到许多业内人士的认可，我相信，《音乐集结号》只是他的起点，不甘于现状的他，将来还会成就更多精彩、更多奇迹。

今天，他又实现了他人生的另一个梦想——出一本讲述他自己历程的书。相信读过这本书的你们，一定能从中得到不少启示。真心希望马小松的精神能够像大海里的指航标一样，给你们在追求梦想与成功的道路上指明方向。也希望马小松能实现一个又一个小小梦想，制作出更多更精彩的节目给观众朋友们！

解析"马小松"

/ 温兆伦

　　"马小松"，我不认识，我只知道"马拉松"是一种长途赛跑，还有我小时候在香港的茶楼吃的"马拉糕"——好好吃！

　　直到2008年的一天，某电视台邀请我主持一档节目，我才知道这个地球上除了"马拉松"和"马拉糕"以外，竟然还有"马小松"这"东西"！

　　既不能吃又不能跑，到底是干吗用的呢？

　　经过我多次接触和分析，"马小松"是一种人不像人但是会说人话的生物。有多种模仿人类的功能，能唱能跳能叫能吃能喝能变形还能放屁和说湖北话，"他"应该属于雄性，因为"他"很喜欢跟雌性人类在一起而且很受雌性的欢迎。从各种行为表现能感觉到他有智慧而且没有害人之心，是属于容易和别的生物长时间相处又能沟通又善良的"异性生物"。

他的外形特点是头部多毛，表皮很白，娃娃脸（跟娃娃鱼不同科），动作反应很快（人类称"神经病"），有两只不长的腿（实际有几只腿就不清楚了），智商时高时低但讨人类喜欢，饲养非常容易因为此生物不挑食但口水特多，所以跟他接触时要注意。

他爱干净不吐痰不吸烟不喝酒不赌不嫖，比有些人类好多了。勤奋上进善于表达，从外表看是属于年轻幼儿的状态，成长速度很快，脑部发育方面就有待观察……

在当今世上有的是人，但行为连"小强"（蟑螂）都不如，是宇宙的寄生虫，但"马小松"这种生物，听由已经往生的专家说："马小松"这东西很有内涵，跟人类相处久了，最近还学习模仿人类出书？我温兆伦虽然不算是一个多有智慧的人，但是如今连"马小松"都说要出书？

天呀！这是多好的一件事哦！这证明在生物进化史上又迈进一大步了，我个人认为"马小松出书"简直推翻了"人类思维逻辑进化论"和"在科研文明探秘"之大部分的说法。

不管如何，"马小松"，我期待你的作品。

祝愿你的"书"能带给社会和全世界无穷无尽的快乐。

长达 1500 字的赞美

/ 何洁（何大宝）

　　第一次见到马小松，他给我的印象是——哪里来的交际花在满场飞啊？后来他告诉我他是1989年的，当时我的小心脏就颤抖了——89年的就混得那么好？天哪！顿时觉得自己老了！其实第一次见面对他的印象一般般，除了对于他那青葱鲜嫩的年龄赤裸裸地嫉妒之外，还因为他话太多了！哼！哪里来的小孩那么嘚瑟啊！

　　因为工作原因和他接触得比较多，接触时间长了之后才知道，他今天的一切皆因自己的努力而来，没有半点儿浮夸。他对工作超级认真，因为想要精益求精，所以才会不厌其烦地和所有的工作人员沟通。再接触深一点儿，渐渐发现，在他乐观的外表下，其实脑子里有无数紧绷着的神经，那些焦虑一直紧紧地抓着他，由不得他半点儿放松。

在这个圈子里，每天应付这么多繁杂的人和事，他又是那样年轻的制片人，压力可想而知。所有的应酬和交际其实只是表面的东西，他的大脑一定时时刻刻在思考。这样高速运转着的人，心里一定很累，何况他还是个多愁善感的双鱼座。

也正因为他是个多愁善感的双鱼座，才有了现在这本书。

最后想说的是，因为马小松给我的书写了长达1500字的序！搞得我压力好大呀！抓狂中……逼我！好吧，接下来是长达1500字的赞美——请大家自行想象！哇哈哈哈哈……我太邪恶了！

最后的最后，祝马小松的新书和我的书一起大卖！一起加油！哇哈哈哈哈……继续邪恶中……

我们身边的传奇

/ 王华黎

2007年，马小松最有杀伤力的一句话是：10年后，我才28岁，有什么可怕的！

这句话轻描淡写，但是绝对有超强杀伤力！

对于大多数在北京奋斗若干年的人，无论成功与否，面对这样一个面相稚嫩、一脸孩子气且真能称为孩子的年轻人，却不能轻易低估这孩子迸发的能量。

2010年，我们的回顾大多以十年为计。而马小松的回顾，应是以五年为阶段的。

可以简略回顾一下我和马小松的相识过程：

2005年夏　马小松16岁　第一次合作　少儿才艺大赛略阳赛区嘉宾主持

2006年1~6月　马小松17岁　担任汉中大型活动"唱响汉中"特邀主持

2006年7月　马小松17岁　马小松到北京　并攻下第一档卫视节目《天使明星汇》

261

2008年　马小松19岁　第二档卫视节目　与明道、王绍伟合作《综艺奇兵》

2009年　马小松20岁　第三档卫视节目　《音乐集结号》

2005年夏天，因为汉中电视台一个少儿大赛与陕西略阳县团委合作，年轻的团委书记给我们推荐了一个可以做嘉宾主持的小男生，他就是马小松。当时的我应该对全市的主持人是相当熟悉的，并不觉得一个小县城能有什么好的主持人。据说当时马小松16岁，刚从甘肃拍戏回来，有模有样的背景，煞有介事。在县宾馆，马小松是拿着两套演出的衣服搭在肩上进宾馆的，现在想来很有点儿星范儿了。给我的第一印象是外形很不错，在接下来的活动中，更让我们感到他的主持意外地好。从外形到主持的语言和控场能力，应该说比我们很多专业的主持人更娱乐化。可惜后来因为节目播出时间的原因，他主持的部分并没有播出，但是这个孩子真的给我留下了很深的印象。

随后的一段时间，他经常会打来电话，或是聊天或是谈他近日的情况——这也是马小松的特点之一，会记住身边每个刚刚结识的人，并且会迅速与之成为朋友，绝对不会让任何人成为过客。因为有一些联系，加上之前主持现场的表现，我一直在潜意识里觉得，台里真还缺一个这样风格的男主持人，他的娱乐化的效果很适合我们的大型活动。

2006年，这年也是在"超女"之后，全国各地海选节目最为盛行的一年，台里计划做大型活动"唱响汉中"，马小松得知这个消息之后，非常兴奋，常常打电话给我谈一些对活动的想法。一方面是他的主持特色，另一方面是对活动的见解，促使我大胆决定让他来做这次活动的嘉宾主持人。

2006年1月8日，马小松到了汉中，正式成为活动策划组的编外成员，这是半公半私的一个决定。我的直觉是这个活动非常需要他，但是外用主持人是个大胆的决定，那时除了上节目，我不能给他生活上更多的帮助。所以那个时候，马小松所遇到的实际困难非常多，甚至起初，大家都很不在乎这个小屁孩儿。直到现在，我回想起来，仍然觉得对于一个孩子来说，那真的很不容易。但是半年内，我们创造了一个又一个奇迹，参赛的人数、活动的影响力、电视节目收视率和创收都达到了一个顶点。那半年时间，我们是在极度劳累，却又非常开心和满足的状态中度过的。我们争吵不断，对这个活动倾注了所有的努力和感情。马小松既是主持人，也是策划的主力，外联的工作大部分都由他来做。如果没有他对工作的极度热情、专注以及执着，我们也不可能支撑到最后。尤其是，他给了我相当大的鼓舞，常常在我遇到很大困难的时候，他自始至终都坚决支持我。虽然面临诸多困难，虽然面对极大的压力，但是这半年我们收获的远远超越了活动本身。半年时间，马小松迅速成为当时人气最高最红的主持人，并且在选手中拥有大量的支持者。所到之处，无人不识。

　　双鱼座的马小松克服不了与生俱来的感性，对人真诚。那个时候我们的争执多是因为我比他年长很多，而且由于工作多年，在工作中上有很多顾虑和无奈，面对压力，比马小松所能看见的更复杂一些。而对于一个抱有无比热忱的孩子来说，只要能做到最好，他能够倾尽所能。可有时候，付出越多，就会受到更多的伤害。可能对于我们来说，成长的过程就是变得更加圆滑、更加世故、更加会保护自己，而他比别人更早地接触到了社会，所接受的、所遭遇的，就比我们更加直接和残酷，而且来势汹汹。所以，他常常体会到来自各个方面的压力和打击，会流很多眼泪，会问很多为什么。但是所有的这些担忧，都被他蓬勃无限的精力和对工作的全情投入压制下去了，或者用他自己的方式调理和谐掉了。

　　也是从2006年大赛，马小松开始有了自己的博客，开始记录自己的历程或者想说的话。他总是有很多想表达的东西，所有记录下来的，都是他真实的想法。因为他才17岁，他做不了假，掺杂不了太多的世故圆滑，更没有学会隐藏。也因此，虽然常常有很多分歧，但是直到现在我仍然相信，这样的马小松会比很多成年人可信得多。有很多很真实的品质，我们已经放弃很久了，这，才是最可贵的。

　　2006年，对于马小松是生命中至关重要的转折点。这一年他在陕西汉中真的红了，也因为这场比赛，让他有机会来到北京。时时刻刻把握梦想的方向，并且抓住一切可能，这是马小松一直坚持的。所以，才会有后来被马小松称为第一个孩子的《天使明星汇》。从第一个梦想的迅速实现到以后所有的发展，我从来不曾怀疑过马小松的未来。在这之前，很多人都认为他的际遇是单纯的运气好，其实不然。我看到过很多马小松艰难的时刻，他并不是一帆风顺，也并没有一个富有的背景，他所遇到的困难和压力，我们都未必可以承受，但是他都闯过来了，他今天所获得的，都是努力的结果。他是经历了无数背后流泪的过程才有了台前的灿烂。他凭借很多超脱常人的独特本领，造就了他的现在。或许应该说他天生就是吃这碗饭的。

从他之后，我对所有认识的大学生说，不要拿年龄做借口，奇迹并不是不可能发生的。一个十几岁的孩子可以和卫视领导谈合作、谈节目构想、谈运营方向，而且头头是道，颇有见地，没有哪个领导不会另眼相看。曾经他戴起帽子，怕领导看出他的年龄；曾经他邀我和朋友一起去谈合作项目，怕自己的气场不够。在马小松这里，想到的就是马上做，没有顾虑没有什么不可能。没有实际行动的空想远不及一次真正的行动更有价值，做了还有可能，不做就连一点儿希望都没有，这就是他的行为指导。所以我们常常觉得他从不按常理出牌，常常还拿他当孩子看待，很长一段时间后，仔细想想，其实他有自己的一套方法和理论，这就是"80

后"孩子的行事方略，和我们当然是不同的。

2007年，第一年担任卫视主持人后，马小松在过年回家时把几万元的收入全部给了爸妈，并给妈妈买了戒指，给爸爸买了手机，那年他不过17岁。爸妈绝对认为马小松是个孝顺的孩子，无论何时，他最先想到和自己分享幸福的一定是爸妈，而他所承受的，几乎从不和爸妈说。在他看来，即使告诉了爸妈，只会让他们担心，而所有的一切还要自己去闯荡。马小松的爸妈都是朴实的工人，每次见到我，所有的话题都是，有时间多劝劝马小松休息吧。不论什么时候，父母最牵挂的永远是孩子的健康。爸妈总是无所欲求，只希望孩子们能快乐、幸福、健康地生活，这也是马小松的爸妈对孩子最大的期望吧！

记得曾经有一段时间，马小松的压力很大，前景茫然，常常在晚上哭泣，但又会冒出很多创意和想法，然后可怜巴巴地问我们："我该怎么做？"那个时候，他真的是个孩子。在我们还在为他担忧的时候，短短一两个月间，他就又重整旗鼓，再次创造奇迹。不能不感慨，他就是有这个能力！

现在，马小松更忙了，虽同在北京，我们见面的机会却非常少。我相信，他面对的将是更多、更复杂的状况。他的压力几乎都是自己给自己的，他总给自己定下一个又一个目标去努力。马小松说：我的梦想在10岁时就已经很明确了，我就是要成为明星！我要做最好的主持人！我的所有努力都从那时开始，从来没有动摇。这个追寻梦想的过程有多累、多辛苦，相信只有马小松自己最清楚，他也常常惶惶然在电话里对我说：明天没有节目了怎么办？我做不到了怎么办？但是，在他的同龄人忙着恋爱、忙着消耗青春、忙着在父母庇护下享乐的时候，他整天都陷在工作的忙碌之中，而且还试图让自己更累、更忙碌，他怎么可以做不到？如今，马小松已经满20岁了，每次他嚷着自己老了的时候，身边的人都想去抽他！

2010年开始，不能去预想马小松同学新的10年，因为他已经把很多不可能变成了可能，所以，这个10年，我们只能拭目以待。我和所有曾经在他身边关注过他成长的人，还有那些曾给予他帮助的人，都注定只是他生命中的一个过客，慢慢积累起他成长的黄金岁月。

这个世界，传奇越来越多。

马小松，就是我们身边最近的传奇。

老友记

　　小时候和一群小伙伴在一起玩是件简单且快乐的事情，那时候没有利益冲突，没有钩心斗角；渐渐长大，很怀念童年的我们，那种单纯、与世无争。当我进入这个行业，我才慢慢发现人是会变的，会表里不一，会口是心非，包括我在内。

　　很荣幸，很庆幸，在演艺圈中我还有这么多朋友陪伴着。

　　谢谢我生命中的每一位朋友！

写给叶一茜

　　茜，认识你快四年了！这四年当中，我们一起经历了很多。这快四年的时间里，我看着你从一个女孩蜕变成一位母亲，这是你人生中最大的转变。直到现在，我脑海中还浮现着你结婚时幸福的画面。从你出道到现在，你和亮哥承受了太多，我明白很多报道对你们来说很不公平，但我相信一切都会过去。每次看到你那么幸福，作为朋友，我真的很高兴。

　　谢谢你在我最需要帮助的时候给予我不求回报的帮助。你借我的那4000块钱我永远无法忘记，因为那时的我早已失去了方向，早已没有了价值，而你仍然选择帮助我，那是一种无法用语言形容的力量！我无法忘记我们在一起工作的每一个瞬间，虽然有争吵，虽然有不愉快，但我相信我们的友谊不会变！

　　从《综艺奇兵》到《音乐集结号》，一路走来我俩就像是患难的姐弟，同病相怜，我被无情换掉，后来您老人家也难逃噩运。哎，咱俩上辈子肯定是亲戚，要不怎么会惨到一起去了？

虽然你现在很幸福，产后仍然美丽。但在我心中，你已经无法恢复成曾经我眼中美丽漂亮的叶一茜了，原因你知道的，哈哈，是因为你在怀孕期间给我留下了"阴影"！哈哈……

未来我们共同的路还很长，我会作为你事业上最好的伙伴，永远支持你，永远挺你，永远和你站在一起！无论遇到什么，弟弟都会支持你。我们没有血缘关系，但在我心中你和我的姐姐是一样的。我一直不知道如何下笔去写我们的故事，因为这几年里我们的故事太多太多，所有的话都在心里了，所有的祝福也在心里了。作为弟弟，我只希望你能幸福，你能快乐，小心仪能健康茁壮地成长，这样我的超年代尿布也不会白送了，哈哈！

总感觉在记流水账，哎，咱俩的故事其实就是一本流水账，一本永远无法写完的账！快四年的时间里，我们一同感受着，经历着，快乐着，难过着！无论在印尼，还是在三亚，我们这个大家庭永远都是那么快乐，那几天是我这几年来最轻松、最快乐的时光了！茜，我会珍惜，珍惜身边所有的人、所有的事！

茜，你是我生命中最重要的女人之一！你一定要幸福！松永远都在你背后看着你前进，和你一起品味快乐、感受幸福！

写给付包子

　　包子，认识你快两年了，这两年中我们一起经历了很多事情。记得第一次在你们公司见到你的时候，对你完全没有任何好感，因为——您老人家太冷淡了！第二次在湖北见到你，打死也没想过会和你这样的"冷包子"成为最铁的兄弟！第三次见到你，同样是在武汉，同样是在化装间，而我对你的印象完全改变，因为冷面的付包子居然也开始和我说话了，意外，意外啊，哈哈……

　　这快两年的时间里，我给你造成了很多的麻烦。你让我学到了新名词"抱大腿"，哈哈！你这粗腿我也抱了快两年了，其实我抱得也挺辛苦的，不知道你会不会痛苦呢？

　　以前从没想过自己的博客会有人来攻击，更没想到我会成为一些人痛恨的对象。但这么长时间以来，我都明白了，理解了。以前恨过，骂过，现在一切都变得很释然，因为我长大了。对别人宽容才是对自己宽容，这也是我想对你说的话。

老实讲，我变得越来越懦弱了，因为我已经没有勇气去写关于你的任何东西了。我不想给你造成任何的麻烦，因为我怕，真的怕了！现在我终于想明白了，只有面对才会让我更坦荡。

我们都是双鱼，最敏感的星座，按星座学来说，咱们两个双鱼很难成为朋友，更别谈兄弟了，我们居然成为了最铁的兄弟！也许这就是让人琢磨不透的缘分吧！我不希望你不开心，不希望你因为很多事情纠结，只希望你快乐，能够朝你的梦想去努力！有那么多的人在爱你、支持你，是多么幸福的事情啊！您老人家还纠结什么呢？哈哈……

不过这一年感觉你变了，成熟了，长大了，坚强了。还记得咱在KTV里的那段对话吗？你问我："兄弟现在怎么样？比以前好多了吧？"没错，你的性格在慢慢转变，我看到了一个努力让自己快乐，努力给别人制造快乐的付包子！不管未来我们是否还在这个行业，我都希望你远离纠结！当所有人都关注你红不红的时候，我只关注我的兄弟累不累，因为我累过，我才知道你有多累。这两年的时间里你所承受的，我都看在眼里，我帮不上忙，但我永远都和你站在一起。未来的日子里，不管遇到什么，我们兄弟都要坚强地走下去，好吗？我不希望你以后累的时候、纠结的时候都只是自己默默承受。我是你的兄弟，我要和你一起分担所有的痛苦，分享所有的快乐！

你不是一个会表达的人，很多话你都藏在心里，我了解你，我更理解你。我只坚信一点，我们的小包子是善良的，坚强的。作为兄弟，我只希望你能适当地让自己放松，适当地让自己获得真正属于你的快乐。无论你未来飞得多高，我都等待你降落，永远，这是我们的约定！

包子，你在远行的时候觉得累了，转过身来，我们都在不远处默默地守候你，永远爱你，支持你！

在起初决定写这本书的时候，就一直在考虑，关于你究竟应该怎么写，如果写少了呢，没意思；写多了呢，怕这本书写不完。因为咱哥俩之间的故事那是没完没了啊！

明天的明天，我们的故事将如何继续？在梦想的道路上有你的陪伴，我很满足！

写给胡歌

　　当年，我只有16岁的时候，因为《仙剑奇侠传》知道了胡歌，更迷上了他的一首歌《六月的雨》。我还翻唱了这首歌，把它录制成单曲。

　　当我渐渐长大，做梦也没想到会在18岁的时候认识胡歌，更没想到我们可以成为无话不谈的朋友，至今我也没搞明白这是为什么！

　　真正认识胡歌是因为他来录制我的《音乐集结号》。我清楚地记得，那时候公司没有司机，我就自己充当司机，驾驶着老邬派给我的商务车去机场接胡歌。于是，不怕死的马小松在完全不熟悉武汉路况的情况下上路了！更牛的是，胡小歌童鞋也是个不怕死的英雄，居然也敢坐！没敢想象你在机场看到我的那一瞬间对我有怎样的印象，更没敢想象当我站到舞台上主持你有没有觉得意外。总之，咱俩成为了朋友。

和你认识快一年了，这一年当中我们很少见面，因为你生活在上海。但有两件事，让我永远无法忘记，更让我重新认识了你。

第一次是我去横店探班，当时你正在拍《仙剑奇侠传Ⅲ》。名义上去探班，而我却差点儿在片场睡着，不过这不能怪我啊，因为那天你们拍棚内的戏实在太无聊了。你很贴心地帮我们安排酒店，安排小凯带我们参观影视基地，这些我都记在心里。记得那次你和我聊到你的车祸，你是那样坦然，那样坚强！让我感动的，不仅仅是你对待生活的态度，更因为你的一句话。当时我问你，为什么在车祸后还会选择小凯（当时发生车祸的司机），你告诉我，如果你当时不用他，也许他这一辈子很难再重新站起来！胡小歌，你知道吗，你的这句话让我永远记在了心里。第二天，你安排车把我们从横店送到杭州机场，晚上拍完戏还发信息问我到了没。那一晚我想了很多，我庆幸认识了你这个哥哥！

第二次让我感动的是在上海。我还记得当时我要去上海看BOBO组合的演唱会，可惜最后因为一些原因演唱会取消了，而我不得不飞到上海，因为是特价机票，哈哈！在人生地不熟的上海，幸亏还有你。我记得当时我去上海的前一天你还在韩国，没有想到第二天你竟然来机场接我！你完全可以告诉我你不在上海，但你来了！你出现在机场的时候我真的有流泪的冲动。谢谢你陪我逛街，我们去某店，我们嘲笑某人买了秋裤，而您老人家却买了内裤；谢谢你请我吃饭，和我一起看了那场没有交流的《梅兰芳》。那一晚的上海，下着雨，但我心里很温暖，谢谢你老哥！

你是那样地幸运，一出道就光芒万丈，还有永远在背后挺你的KAREN姐；而你的命运又有很多的曲折，但一切都过去了。作为朋友，我只希望你能平安，健康，幸福，快乐！当然最重要的就是——快点儿找个好对象，结婚吧！加油，胡小歌！